Der Kalte Krieg

Alexander Emmerich

DER KALTE KRIEG

Theiss WissenKompakt

THEISS

Inhalt

Der Kalte Krieg der Systeme

Das Zeitalter des Kalten Krieges

Die Welt im Kalten Krieg

ATOMIC BOMB
WORLD CONTROL
WORLD DESTRUCTION

Der Kalte Krieg der Systeme

Oben: Ein Stück Berliner Mauer in der Reagan Library.

Der Kalte Krieg teilte die Welt in drei Lager: in den Westen unter der Führung der Vereinigten Staaten von Amerika, in den Osten unter der Führung der Sowjetunion – die beide den Großteil Europas unter sich aufteilten – und in die Dritte Welt, die blockfreien Staaten, die zum Teil zum Austragungsort der Stellvertreterkriege wurden.

Warum war dieser Krieg kalt?

Bekannt machte den Begriff *The Cold War* der amerikanische Journalist Walter Lippmann, als er 1947 sein gleichnamiges Buch veröffentlichte. Dieses Buch über die damals aktuelle Distanzierung von Ost und West war so einflussreich, dass der Begriff bald seinen Weg weltweit in den Sprachgebrauch der Öffentlichkeit fand. Heute ist er in nahezu jeder Sprache vertreten. Doch Walter Lippmanns Buch war nicht der Ursprung des Begriffs. Wahrscheinlich stammt dieser von Herbert B. Swope, ebenfalls ein amerikanischer Journalist und zugleich ein enger Mitarbeiter des Politikberaters und amerikanischen Vertreters in der Atomenergiekommission der Vereinten Nationen Bernard Mannes Baruch. Swope stand der amerikanischen Delegation bei der „Kommission zum Studium internationaler Kontrolle der Atomenergie" der UNO vor. Zu diesem Zeitpunkt waren allein die USA im Besitz einer Atombombe und übten daher großen Druck auf die Kommission aus. Diese Tatsache hatte großen Einfluss auf den Verlauf der Verhandlungen bei den Vereinten Nationen. Schließlich wurde eine Regelung gegen die Stimmen

Links: In vielen Karikaturen wurde der Balanceakt dargestellt, in der sich die Welt im Kalten Krieg angesichts der Atombombe befand. Eine wirkliche Sicherheit gab es nie.

Polens und der Sowjetunion getroffen, was die Anspannung unter den Diplomaten keinesfalls beruhigte. Um die angestrengte Situation zu beschreiben, verwendete Swope den Ausdruck *Cold War*, ohne auch nur zu ahnen, dass er damit der folgenden Epoche ihren Namen gab. Swopes Vorgesetzter Baruch übernahm den Begriff später und benutzte ihn am 16. April 1947 in einer Ansprache. Der anwesende Journalist Lippmann nahm diese Bezeichnung auf und verwendete sie für seine Publikation im Herbst 1947.

Der globale Konflikt war bereits getauft, bevor Stellvertreterkriege die Dritte Welt überzogen, Sportveranstaltungen als Demonstration der Überlegenheit missbraucht wurden und die Weltraumforschung eine gewichtige Rolle spielte. Erst die Art und Weise, wie der Kalte Krieg später tatsächlich ausgetragen wurde, gab dem Begriff letztendlich – und im Nachhinein – seine Bedeutung: Der Kalte Krieg war ein Konflikt der unterschiedlichen Systeme des Westens unter Führung der USA und des Ostens unter Führung der Sowjetunion, der seine Wurzel schon im Dualismus zwischen Russland und China auf der einen Seite und der westlichen Welt auf der anderen Seite im 19. Jahrhundert hatte. Von besonderer Bedeutung für den Systemkonflikt ist allerdings das Jahr 1917, als in Russland durch die Oktoberrevolution die Sowjetunion entstand und die USA mit dem Kriegseintritt in den Ersten Weltkrieg zu einer Weltmacht aufstiegen. Fortan bestimmten zwei unterschiedliche Systeme die Weltpolitik und richteten sich zunächst nur deshalb nicht gegeneinander, weil sie mit dem Dritten Reich einen gemeinsamen Feind hatten, der im Zweiten Weltkrieg bezwungen wurde. Bereits auf den Nachkriegskonferenzen standen sich dann beide Seiten direkt gegenüber.

Von 1945 bis 1990 kämpften nun Ost und West mit allen verfügbaren Mitteln eines Krieges gegeneinander, aber stets unterhalb der Schwelle eines offenen, bewaffneten militärischen Konflikts. So wurde der Kalte Krieg nie offiziell erklärt, aber dennoch richteten beide Seiten nahezu alle ökonomischen, politischen, propagandistischen, militärischen und sportlichen Anstrengungen gegen den Klassenfeind. Der Konkurrenzkampf beider Systeme zeigte sich vor allem an ihrem extremen Wettrüsten, das eine Zerstörungskraft besaß, die die Erde mehrfach hätte zerstören können, aber auch an Entwicklungen in den Bereichen Wirtschaft, Kultur, Sport, Wissenschaft und Technologie mit besonderem Schwerpunkt auf den Raumfahrtprogrammen der beiden Supermächte USA und UdSSR.

Zum Kalten Krieg gehörte unweigerlich auch die Demonstration der eigenen militärischen Stärke wie hier auf dem Roten Platz. Beide Seiten wollten gerüstet sein, wenn aus dem Kalten Krieg ein heißer werden würde.

Die Aufteilung der Welt

Der Kalte Krieg teilte die Welt schnell in zwei sich gegenüberstehende Lager sowie in eine dritte Welt, die blockunabhängigen Staaten. Noch heute wird der Begriff „Dritte Welt" im allgemeinen Sprachgebrauch verwendet. Diese Verwendung erfolgt allerdings nicht mehr in Bezug auf die Blockfreien Staaten, der Begriff wird unscharf mit „Entwicklungsländern" gleichgesetzt. Häufig wird in Bezug auf den Kalten Krieg auch von einer bipolaren Welt gesprochen. Diese Sichtweise vernachlässigt die Blockfreien, da sie nicht als bestimmende Akteure des Kalten Kriegs in Erscheinung traten.

Ab 1947 vollzog sich die Blockbildung zunächst in Europa. Ausgangspunkt war die Streitfrage über die Zukunft Deutschlands und Mitteleuropas. Der Eiserne Vorhang teilte die vier Besatzungszonen Deutschlands und ganz Europa in Ost und West. 1949 entstand aus den drei Westzonen Deutschlands die Bundesrepublik. Im gleichen Jahr wurde das westliche Militärbündnis, die NATO (*North Atlantic Treaty Organization*) gegründet. Die Mitgliedstaaten der NATO in der Zeit des Kalten Krieges waren Belgien, Dänemark, Frankreich, Island, Italien, Kanada, Luxemburg, die Niederlande, Portugal, Großbritannien, die USA, Griechenland, die Türkei (beide ab 1952), Deutschland (ab 1955) und Spanien (ab 1982). Die Sowjetunion zog mit der bereits vorbereiteten Gründung der DDR ebenfalls im Jahr 1949 nach. Ab 1955 stand der NATO auch der Warschauer Pakt, der militärische Beistandspakt des Ostblocks, gegenüber. Zum Warschauer Pakt gehörten Albanien, die UdSSR, Bulgarien, Rumänien, die DDR, Polen, die Tschechoslowakei und Ungarn. Der Westen Europas organisierte sich zudem in der ab 1952 gegründeten Europäischen Gemeinschaft für Kohle und Stahl, auch Montanunion genannt, die allen Mitgliedstaaten freien Zugang zu Kohle und Stahl gewährleistete, ohne Zoll zahlen zu müssen. Zudem wurde damit ein einseitiges Aufrüsten eines Mitgliedes verhindert. Im Osten entstand parallel dazu der Rat für gegenseitige Wirtschaftshilfe (RGW), der später in den Warschauer Pakt überging.

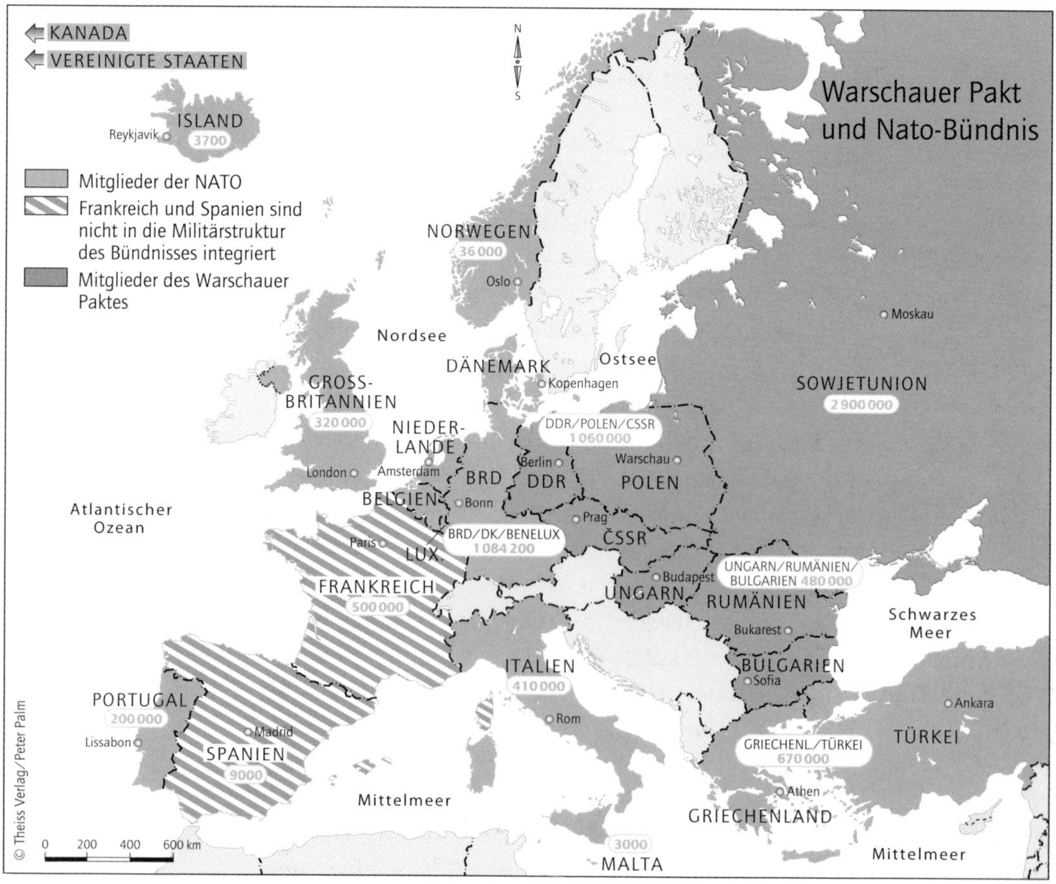

Karte 1: Der Warschauer Pakt war das Militärbündnis des Ostblocks und somit das Gegenstück zur NATO, die sich in Nordamerika und im Westen Europas gebildet hatte.

Neben dem Ost-West-Konflikt entstand die Bewegung der Blockfreien Staaten. Auf deren erstem Gipfeltreffen Anfang September 1961 in Belgrad konstituierte sich die Organisation der blockfreien Staaten auf der Basis von 25 Staaten und deren Staatschefs. Die Staaten gehörten größtenteils dem asiatischen und afrikanischen Raum an. Da viele von ihnen Entwicklungsländer waren, bürgerte sich der Begriff der „Dritten Welt" (neben den beiden Blöcken des Westens und des Ostens) für Entwicklungsländer ein. Die ursprüngliche Bedeutung, die Dritte Welt sei die blockfreie Welt, ging nach und nach verloren. Die Blockfreien forderten den Abbau der Spannungen zwischen Ost und West, eine allgemeine Abrüstung sowie das Verbot von Kernwaffen. Darüber hinaus setzten sie sich stark für die Gleichberechtigung und Gleichstellung der ehemaligen Kolonien, die nun unabhängige Staaten waren, zum Kolonialherren ein.

Systemkonflikt Ost gegen West

Bereits im 19. Jahrhundert wurde von einem Ost-West-Konflikt zwischen „russisch-asiatischer" und „westlicher" Zivilisation gesprochen und vorausgesagt, dass dieser Dualismus die Zukunft bestimmen würde. Bereits der Krimkrieg in den Jahren 1854 bis 1856, in dem sich das Osmanische Reich mit seinen Alliierten Frankreich, Großbritannien und Sardinien der Expansion Russlands entgegenstellte, wurde von Zeitgenossen als ein Teil dieses Konfliktes verstanden. Mit der Oktoberrevolution 1917 erhielt die Rivalität zwischen Ost und West jedoch eine tief greifende ideologische Komponente. Die „14 Punkte" des US-Präsidenten Woodrow Wilson, die zur Stabilität und Friedenssicherung beitragen sollten, sind daher auch als eine Maßnahme gegen die aufstrebenden Bolschewiken zu verstehen, denen der Westen jegliche Anerkennung verweigerte. Die Bolschewiken hoben die Weltrevolution zu ihrem erklärten Ziel empor. Sie wollten die bürgerliche Gesellschaft beseitigen und weltweit kommunistische Revolutionen hervorrufen. Mit diesen expansionistischen Forderungen stießen sie zwangsweise auf die USA, die 1917 in das Weltgeschehen eingriffen, um ihre Vorstellung von Freiheit und Demokratie zu verteidigen.

Dabei waren sich die führenden Mächte der beiden Blöcke gar nicht unähnlich: Sowohl die Vereinigten Staaten als auch die Sowjetunion waren in Revolutionen entstanden, beide Ideologien hatten einen glo-

balen Anspruch, beide waren Kontinentalstaaten mit Grenzen von großer Länge, und beide waren aufgrund eines Überraschungsangriffes in den Zweiten Weltkrieg hineingezogen worden. Die Vertreter beider Systeme waren von der eigenen Überlegenheit überzeugt. Doch die Unterschiede beider Seiten waren wesentlich größer. So sahen sich die USA mit ihren Verbündeten als die Verteidiger der Freiheit und der Demokratie gegenüber den expansionistischen Plänen der kommunistischen Weltrevolution durch die Sowjetunion und ihrer Verbündeten. Zudem waren die USA ein Staat, der von ihren Gründungsvätern auf den Prinzipien der Aufklärung und der Freiheit errichtet worden war, und der sich durch eine kluge, ausbalancierte Verfassung gegen eine Machtkonzentration an seiner Spitze stellte.

Der gemeinsame Feind im Zweiten Weltkrieg, Nazideutschland, verhinderte zunächst, dass der Kalte Krieg der Systeme schon früher ausbrach. Nach dem Krieg teilten beide Seiten Deutschland und vor allem Berlin unter sich auf, das für einige Jahre zum Zentrum des Kalten Krieges wurde.

1945 konnten die Bürger der Vereinigten Staaten mit Recht behaupten, in einer der freiesten Gesellschaften der Welt zu leben. Die Sowjetunion war anders. Die Oktoberrevolution lag erst wenige Jahrzehnte zurück, und es war Stalin nur deshalb gelungen, an die Macht zu kommen und dort zu bleiben, weil er eine enorme Machtkonzentration an sich reißen konnte. 1945 war die UdSSR der autoritärste Staat der Welt.

Darüber hinaus sah der Westen seine ideologische Aufgabe darin, die Freiheit gegen die totalitäre Diktatur der UdSSR zu verteidigen. Zudem standen sich auch die beiden Wirtschaftssysteme beider Seiten unvereinbar gegenüber. Die freie Marktwirtschaft des Westens war der Gegenentwurf zur Planwirtschaft, manchmal auch Zentralverwaltungswirtschaft, des Ostens.

Wer hat den Kalten Krieg gewonnen?

Zwar wurde das Ende des Kalten Krieges mehrfach in den Entspannungsphasen nach Stalins Tod, nach der Kubakrise und zu Beginn der 1970er Jahren proklamiert, doch zu einem Ende des Systemkonflikts kam es erst mit dem Zusammenbruch und der Auflösung der Sowjetunion in den Jahren 1990 und 1991. Der Konflikt war dabei so tief in Gesellschaft, Wissenschaft und Politik verwurzelt, dass noch Jahre danach die Frage gestellt wurde, wer den Kalten Krieg eigentlich gewonnen habe. Diese Frage verdeutlicht die Unvereinbarkeit beider Lager, da über Jahrzehnte die Gesellschaften beider Seiten stark zur Polarisierung neigten und der „Klassenkampf" bis weit in den Alltag hinein wirkte. Ein neutraler Standpunkt während des Kalten Krieges oder eine Annäherung an die jeweils andere Seite blieben bis zum Ende des Konflikts stets verdächtig und wurden in einzelnen Fällen sogar als Verrat gehandelt.

Die Rolle von US-Präsident Ronald Reagan in Bezug auf das Ende des Kalten Krieges ist unumstritten. Ein Stück Berliner Mauer in der Reagan Library, der Gedenkstätte des Präsidenten, erinnert daran.

Pauschal behaupteten gleich nach Ende des Kalten Krieges viele, dass der Westen den Konflikt gewonnen habe, da sich sein Wirtschaftssystem der Marktwirtschaft und die Demokratie durchgesetzt haben. Diese weit verbreitete Annahme ist allerdings zu kurzsichtig. Sicherlich hat sich das politische und wirtschaftliche System des Westens auf Osteuropa erweitert. Viele ehemalige Staaten des Warschauer Paktes sind nun Mitglieder der Europäischen Union und der NATO. Dennoch wäre es ohne die Aufstände der Völker Osteuropas nicht zum Ende des Kalten Krieges in der Weise gekommen, wie es letztlich geschah. Durch ihren Mut und ihren Widerstand haben auch sie sich zu den Gewinnern des Kalten Krieges gemacht, auch wenn sie in den Folgejahren von ihren Erwartungen an den Westen zunächst enttäuscht wurden.

Interpretationen des Konflikts

Der Kalte Krieg ist Gegenstand der Forschung der Geschichtswissenschaft. Doch bereits während des Konflikts wurde er verschiedentlich gedeutet und interpretiert.

Die Geschichtswissenschaft und verwandte Disziplinen haben sich seit Beginn des Kalten Krieges intensiv mit dem Konflikt beschäftigt. Die atemberaubende Dynamik des Kalten Krieges forderte schon früh Erklärungen. Dabei macht die Forschung drei Hauptdeutungen aus, wobei die wichtigste Leitfrage, die immer wieder diskutiert wurde, die Frage nach den Ursachen dieser unversöhnlichen Konfrontation zwischen Ost und West war.

Bis in die 1960er Jahre hinein machte die Gruppe der „Traditionalisten" in der Forschung die marxistisch-leninistische Ideologie mit ihrem Anspruch auf die Weltrevolution für die Entstehung des Kalten Krieges verantwortlich. Die Forderung nach einer globalen Ausbreitung des Kommunismus setzte die UdSSR auf einen aggressiven Kurs gegen den Westen. Dabei war es möglich, dass sich beide Seiten annäherten und es so zu Entspannungsphasen kam. Eine generelle Koexistenz von Ost und West war demnach nicht möglich. Der Konflikt konnte folglich nur durch die Niederlage der einen oder anderen Seite beendet werden. Eine Reihe junger Historiker setzten diesem Erklärungsversuch in den 1960er Jahren eine „revisionistische Erklärung" entgegen und relativierten so das Bild des Kalten Krieges. Sie betonten die Verantwortung der USA für die Entstehung des Konflikts. Ihrer Interpretation zufolge sei die UdSSR nach dem Zweiten Weltkrieg geschwächt gewesen und hätte dem Westen hilflos gegenüber gestanden. Die Ursache sei also nicht im Expansionsdrang der Sowjetunion zu suchen, sondern im amerikanischen Kapitalismus, der permanent nach neuen Märkten und Rohstofflieferanten suche.
Seit den 1970er sind beide Positionen in der Forschung abermals revidiert worden und haben sich der „postrevisionistischen Erklärung" des Kalten Krieges angenähert. Dieser Interpretation zufolge haben beide Seiten die jeweils andere stets falsch eingeschätzt. Kontinuierlich habe die verfehlte Wahrnehmung der anderen Seite zu fortwährenden Fehlentscheidungen geführt. In jüngster Zeit nähert sich die allgemeine Meinung aber auch wieder den Traditionalisten an, da Stalin weiterhin expansiv und aggressiv und keinesfalls hilflos war, wie es die Revisionisten behaupteten. Mit seiner Person war der Kalte Krieg unvermeidlich. ■

Das Zeitalter des Kalten Krieges

Oben: Durch den Vier-Mächte-Status Berlins rückte die deutsche Stadt zunächst in das Zentrum des Kalten Krieges. Beide Seiten rangen hierbei um Einfluss, der dem Westen zunehmend zu entgleiten schien, weil Berlin in der sowjetisch besetzten Zone lag.

Unvereinbar waren die unterschiedlichen wirtschaftlichen und politischen Systeme beider Lager. Zudem richtete sich die Politik des Westens wie des Ostens auf territoriale Expansion aus. Eine friedliche Koexistenz schien daher zunächst nicht möglich. Lediglich der gemeinsame Feind, das nationalsozialistische Deutschland, konnte beide Lager in den 1940er-Jahren zur Kooperation bringen, bevor der Kalte Krieg letztlich ausbrach.

Ursprünge, 1917–1947

In vielerlei Hinsicht formte das Epochenjahr 1917 den weiteren Verlauf des 20. Jahrhunderts. In der Phase zwischen Kriegseintritt der USA im April 1917, der Oktoberrevolution im Herbst des gleichen Jahres in Russland und dem Ende des Ersten Weltkrieges im November 1918 kulminierten Ereignisse, die die politische Grundkonstellation der Welt nachhaltig veränderten. Diese Veränderungen waren so tief greifend, dass spätere Historiker das Jahr als tiefe Zäsur in der Geschichte bezeichneten. Mit dem Ersten Weltkrieg, der in einigen Publikationen auch als die Urkatastrophe der neueren Geschichte bezeichnet wird, endete das „lange 19. Jahrhundert", das mit den Revolutionen in Frankreich (1789) und in Nordamerika (1776) begonnen hatte. Zugleich steht das Jahr am Beginn des „kurzen 20. Jahrhunderts", das zum großen Teil vom Ost-West-Konflikt bestimmt war.

Zu Beginn des Jahres 1917 gestaltete sich die Situation in Europa wie folgt: Die Achsenmächte unter der Führung des Deutschen Reiches und Österreichs standen seit Kriegsbeginn an der Westfront den alliierten

Links: Auch wenn der Kalte Krieg eigentlich erst 1947 ausbrach, so gab es doch bereits seit dem Epochenjahr 1917, in dem nach der Oktoberrevolution unter der Führung von Lenin die Sowjetunion entstand, einen deutlichen Systemkonflikt zwischen Ost und West.

Der Friede von Brest-Litowsk brachte im Ersten Weltkrieg Frieden an der Ostfront zwischen dem Deutschen Reich und Russland. Dieser erwies sich jedoch als „Wolf im Schafspelz", weil so erst die Oktoberrevolution ermöglicht wurde.

Bis auf Franklin D. Roosevelt regierte kein anderer US-Präsident mehr als zwei Legislaturperioden. Vor dem Hintergrund der Jahre der Weltwirtschaftskrise sowie des Zweiten Weltkrieges wollten viele Amerikaner ihren Präsidenten nicht wechseln. Sie wählten Roosevelt zu einer dritten und sogar vierten Amtsperiode, zu deren Beginn er dann verstarb.

Truppen aus Frankreich, Belgien und den Niederlanden gegenüber. Durch Osteuropa verlief eine zweite Front, an der die Achsenmächte auf Russland und seine Verbündeten trafen.

Der amerikanische Präsident Woodrow Wilson hatte seit Kriegsbeginn im August 1914 die Neutralität der Vereinigten Staaten proklamiert. Als Deutschland im Februar 1917 den uneingeschränkten U-Boot-Krieg verkündete und in den folgenden Wochen sechs amerikanische Schiffe versenkt wurden, änderten sich seine Haltung und die Meinung der Öffentlichkeit in den Vereinigten Staaten. Hinzu kam die berechtigte Befürchtung, dass Mexiko auf den Seiten der Mittelmächte in den Krieg eintreten könnte. Senat und Repräsentantenhaus unterstützten daher Wilsons Forderung, nun in den Weltkrieg einzutreten. Am 6. April 1917 stimmten folglich beide Häuser für den Kriegseintritt, der für den Verlauf des Krieges und die Neuordnung Europas nach dem Krieg entscheidend war. Nach der Niederlage des Deutschen Reiches beabsichtigte der amerikanische Präsident, ein neues Zeitalter des Friedens einzuleiten und strebte an, die Welt sicher für die Demokratie zu machen („to make the world safe for democracy"). Hierzu verfasste er seine berühmt gewordenen „14 Punkte", die die Welt nach Kriegsende neu ordnen und für einen dauerhaften Frieden sorgen sollten.

Das Deutsche Reich befürchtete, dass die Westfront durch den Kriegseintritt der USA nicht zu halten sei. Daher wurde im Geheimen an einem Plan zur Destabilisierung Russlands gearbeitet, um der Situation der Umklammerung zu entkommen. Die Oberste Heeresleitung des Deutschen Reiches unterstützte deshalb die Rückkehr von Wladimir Iljitsch Lenin aus seinem Schweizer Exil und gewährte ihm freie Durchreise in die russische Hauptstadt St. Petersburg. Zusätzlich flossen aus Deutschland Gelder an die russischen Sozialisten. In Russland führte Lenin die Bolschewiken schließlich am 7. November 1917 (nach dem in Russland geltenden julianischen Kalender am 25. Oktober) zur Oktoberrevolution. Sowjetrussland schloss daraufhin mit den Mittelmächten am 3. März 1918 den Separatfrieden von Brest-Litowsk. Der Oktoberrevolution folgte der Russische Bürgerkrieg und 1922 schließlich die Gründung der Sowjetunion. Während des Bürgerkrieges kam es bereits zu ersten offenen Kämpfen zwischen den beiden späteren Weltmächten, als die USA in der Sowjetunion mit 10.000 Soldaten intervenierten.

Wladimir Iljitsch Uljanow, genannt **Lenin**, wurde am 22. April 1870 geboren. Schon jung schloss er sich den marxistischen Sozialdemokraten in Russland an und arbeitete im Untergrund an einer kommunistischen Revolution. 1903 gründete er eine eigene Fraktion der Sozialdemokratischen Arbeiterpartei Russlands, die Bolschewiken. Die Februarrevolution von 1917 brachte nicht nur das Ende des Zarenreiches mit sich, sondern sorgte für politische Unruhe in Russland. Zu diesem Zeitpunkt befand sich Lenin im Exil in der Schweiz. Das Deutsche Reich gewährte ihm allerdings freies Geleit für seine Rückkehr in die Heimat verbunden mit der Hoffnung einer Destabilisierung Russlands und einem Friedensschluss an der Ostfront. Zurück in St. Petersburg griff Lenin in der Oktoberrevolution nach der Macht in Russland, und es gelang ihm, im anschließenden Russischen Bürgerkrieg die Kontrolle über Russland zu erhalten.

Die USA erkannten die 1922 gegründete Union der Sozialistischen Sowjetrepubliken (UdSSR) zunächst nicht an. Daran hielten auch Präsident Wilsons Nachfolger Harding, Coolidge und Hoover fest. Politisch-ideologisch herrschte in der Zwischenkriegszeit eine antikommunistische Grundstimmung in den USA. Erst Franklin D. Roosevelt, der 1933 zum Präsidenten der USA wurde, entschloss sich zur Aufnahme von diplomatischen Beziehungen zwischen den USA und der UdSSR.

Die Anti-Hitler-Koalition im Zweiten Weltkrieg

Im Frühjahr 1933 trat mit dem Dritten Reich der Nationalsozialisten ein neues außenpolitisches und ideologisches Feindbild auf, das die USA und die UdSSR zunächst für einige Jahre zur Kooperation zwingen sollte. Zwar schlossen das Dritte Reich und die Sowjetunion im Sommer 1939 den Hitler-Stalin-Pakt mit einer entsprechenden Nichtangriffsklausel, doch mit dem Überfall auf die Sowjetunion am 22. Juni 1941 brach Deutschland den Vertrag. Die deutsche Wehrmacht überrannte die Rote Armee, und so entschloss sich Roosevelt, die Sowjetunion mit Gütern und Kriegsmaterial zu stützen. Als nun auch die USA in den Zweiten Weltkrieg hineingezogen wurden, gingen sie mit der Sowjetunion eine „Unheilige Allianz" ein. Beide Mächte hatten ein gemeinsames Ziel: die bedingungslose Kapitulation der Achsenmächte und ihrer Verbündeten, die am 30. September 1943 von den Alliierten in der Deklaration von Moskau gefordert wurde.

Doch bereits während des Zweiten Weltkrieges befürchtete Franklin D. Roosevelt, dass die Sowjetunion bei einem Sieg zu einer neuen Weltmacht aufsteigen könnte, die großen Einfluss auf den eurasischen Raum haben würde. Präsident Franklin D. Roosevelt arbeitete daher an einem Konzept, dass nach dem Weltkrieg für einen dauerhaften Weltfrieden sorgen sollte. Er entwickelte die Idee der vier Weltpolizisten, die USA, Großbritannien, die Sowjetunion und China, die nach dem Krieg als Polizeimacht auf unbestimmte Zeit den Frieden sichern sollten. Dieser Ansatz schlug sich später im Weltsicherheitsrat der Vereinten Nationen nieder.

Die Krisenjahre der großen Depression und des Zweiten Weltkriegs brachten die Besonderheit hervor, dass **Franklin Delano Roosevelt** als einziger Präsident der USA dreimal wiedergewählt wurde. Dass der Demokrat letztlich doch nur zwölf Jahre im Amt war, lag daran, dass er 1945 gleich zu Beginn seiner vierten Amtszeit verstarb. Seine zwölf Jahre als Präsident der Vereinigten Staaten forderten ihn bis an seine Grenzen: Um gegen die Weltwirtschaftskrise vorzugehen, erarbeitete er zwei New-Deal-Programme, er führte die USA siegreich durch den Zweiten Weltkrieg und initiierte die Gründung der Vereinten Nationen. Roosevelt war verheiratet mit Eleanor Roosevelt, einer Nichte seines Amtsvorgängers und entfernten Großcousins Theodore Roosevelt.

Die Konferenz von Jalta

Während des Zweiten Weltkrieges war das Verhältnis der USA zur Sowjetunion durchaus gut. Die Konzentration auf den gemeinsamen Feind, das Dritte Reich, ließ sie ihre weltanschaulichen Gegensätze vergessen. Damit dieses Bündnis die Kampfhandlungen des Zweiten Weltkrieges

Die „großen Drei" der Anti-Hitler-Koalition, Winston Churchill, Franklin D. Roosevelt und Josef Stalin bei der Konferenz von Jalta.

überdauern sollte, kandidierte Franklin D. Roosevelt im November 1944 zum vierten Mal als US-Präsident. Er war zu diesem Zeitpunkt bereits schwer krank, wollte aber die Verantwortung über die alliierte Zusammenarbeit nicht in die Hände der politischen Opposition geben. Vielmehr sollte ihm sein Vizepräsident Harry S. Truman im Falle seines Todes nachfolgen und so die Roosevelt'sche Politik vollenden. Trotz großer Proteste, da noch nie ein amerikanischer Präsident mehr als zwei Amtszeiten absolviert hatte, wurde Roosevelt wiedergewählt und setzte unbeirrt seine Politik fort.

Um die letzte Kriegsphase zu besprechen, trafen sich die „Großen Drei" der „Anti-Hitler-Koalition" Josef Stalin, Franklin D. Roosevelt und Winston Churchill im Februar 1945 zur Konferenz von Jalta auf der Krim. Während der Gespräche sagte Stalin Roosevelt zu, dass die Sowjetunion den Vereinten Nationen beitreten und in Polen freie Wahlen gewährleisten würde. Über die Grenzen Polens konnte man sich aber nicht einigen.

Deutschland wurde in vier Besatzungszonen, einschließlich einer französischen, aufgeteilt. Zudem stimmten sich die Konferenzteilnehmer über die Sektoren der Alliierten in der Hauptstadt Berlin ab. Weiter sicherte Stalin dem amerikanischen Präsidenten drei Monate nach der deutschen Kapitulation militärische Unterstützung im Kampf gegen Japan zu, um auch den Krieg im Pazifikraum schnellstmöglich zu been-

CLEVELAND PLAIN DEALER FINAL

ROOSEVELT IS DEAD; TRUMAN TAKES OATH

WARM SPRINGS STROKE BRINGS END AT 3:35 P.M.

Cerebral Hemorrhage Plunges Nation Into Mourning as European Peace Hopes Are Sighted; Successor Sworn in as 32d President 2½ Hours Later and Retains Cabinet; Body to Leave Georgia Today; Funeral Saturday

BY WALKER S. BUEL

WASHINGTON, April 12—President Franklin Delano Roosevelt died suddenly of a cerebral hemorrhage at 3:35 this afternoon (Cleveland time) at Warm Springs, Ga., plunging the nation and all the liberty-loving peoples of the world into stunned and unprecedented mourning.

Harry S. Truman of Missouri was sworn as the 32d president of the United States in a brief ceremony at the White House, two hours and a half after the tragic announcement that the world's most powerful single figure had passed from the scene, just as the first rays of hope of peace were showing above the international horizon.

Truman took the oath at 6:08 as crowds gathered silently across Pennsylvania Avenue from the White House, and newsboys raced through Washington's streets with huge headlines which the capital city found difficult to believe.

TRUMAN TO PRESS WAR

Pledges His Adherence to Roosevelt's Policies

U. S. CHUTISTS REPORTED 20 MILES FROM BERLIN

Twisters Kill at Least 59 in Oklahoma

Frisco Peace Parley to Go on as Planned

CITY JOINS IN TRIBUTE

Truman Likely to Alter U. S. Home Policies

Capital Stunned as Word Spreads

'The Leader' for Peace, Is Stalin View

Last Words Tell of His Headache

Want Ads

den. Stalin forderte aber noch weitere Sicherheiten. Er beabsichtigte, von Italien über Osteuropa bis zum Baltikum einen Sicherheitspuffer aus Satellitenstaaten für die Sowjetunion zu schaffen. Churchill und Roosevelt gingen auf diesen Plan nur zum Teil ein, konnten Italien unter westlichen Einfluss stellen, während der Balkan und das Baltikum dem Osten zufielen.

Roosevelt glaubte, dass er mit Stalin eine feste Absprache über die Nachkriegsordnung hatte. Er verstarb wenige Wochen nach der Konferenz, am 12. April 1945, in seinem Ferienort Warm Springs. Er erlebte weder die Kapitulation des Dritten Reiches noch das Ende des Krieges im Pazifik. Dennoch starb er mit dem Gefühl, seine Ziele für einen neue Weltordnung erreicht zu haben: Die Vereinten Nationen nahmen Gestalt an; Europa war nahezu von den Nazis befreit und die Kapitulation Japans war nur noch eine Frage der Zeit. Die USA würden gestärkt aus der Krise des Zweiten Weltkrieges hervorgehen und in Europa einen neuen Absatzmarkt für ihre Produkte haben.

Nachdem der schwer kranke Roosevelt zu Beginn seiner vierten Amtszeit verstarb, wurde sein Vizepräsident Harry S. Truman per Gesetz und ohne Wahl zu seinem Nachfolger und konnte die Politik Roosevelts zu Ende führen.

Die Gründung der Vereinten Nationen

Theodor Roosevelt hatte mit seinem *grad design* geplant, die Welt nach dem Zweiten Weltkrieg neu zu ordnen. Ein Szenario wie das eines Weltkrieges sollte es nicht mehr geben. Die USA hatten sich außenpolitisch verändert und waren nach dem Ende des Zweiten Weltkrieges endgültig zu einer Weltmacht aufgestiegen. Nun verfolgten sie außenpolitisch nicht mehr nur wirtschaftliche Interessen, sie wollten die Weltpolitik aktiv gestalten. Für die Zusammenarbeit mit den anderen Nationen hatte Roosevelt die Plattform der *United Nations Organization* vorgesehen. Diese Organisation sollte dem Völkerbund nachfolgen, aber auch aus dessen Scheitern lernen.

Bereits im Januar 1942 hatte Präsident Roosevelt zu einem ersten Treffen nach Washington eingeladen. Vor dem Hintergrund des Weltkrieges waren selbst Vertreter der Sowjetunion und Chinas in die US-amerikanische Hauptstadt gekommen. Während des Treffens einigten sich Abgesandte aus 26 Nationen auf eine gewaltfreie, neue Weltordnung und unterzeichneten die *United Nations Declaration*. Darüber hinaus erklärten die vier vermeintlichen Weltmächte USA, Großbritannien, die Sowjet-

Eine der Ideen Roosevelts war die Gründung der Vereinten Nationen, um künftig Kriege wie den Zweiten Weltkrieg zu verhindern. Die UNO bekam ihr Hauptquartier in New York.

union sowie China, dass sie mit der UNO eine auf dem Prinzip der souveränen Gleichheit aller friedliebenden Staaten aufbauende Organisation zum Erhalt des Friedens in der Welt sowie zur Verbesserung der internationalen Zusammenarbeit etablieren wollten.

Doch erst auf der Konferenz von Jalta im Frühjahr 1945 einigte sich Roosevelt mit Churchill und Stalin über die letzten offenen Punkte für den Entwurf einer UN-Charta. Stalin konnte ein Veto-Recht durchsetzen, von dem alle ständigen Mitglieder des UN-Sicherheitsrates, dem mächtigsten Gremium der Vereinten Nationen, Gebrauch machen konnten. Dies betraf die Sowjetunion, die USA, Großbritannien, China und Frankreich, das zum Kreis der hauptverantwortlichen Mächte hinzugestoßen war.

Nach Roosevelts Tod und nach dem Kriegsende in Europa wurde am 26. Juni 1945 die Charta der Vereinten Nationen auf deren Gründungsveranstaltung in San Francisco von insgesamt 50 Staaten unterzeichnet. Im Pazifik dauerten die Kämpfe allerdings noch an. Die Vereinten Nationen setzten sich zum Ziel, den Weltfrieden zu sichern, das Völkerrecht einzuhalten, die Menschenrechte zu sichern und die internationale Zusammenarbeit zu fördern. Die UNO bezog ihren Hauptsitz in New York City und richtete drei weitere Sitze in Genf, Nairobi und Wien ein. Den Haag wurde zum Sitz des Internationalen Gerichtshofs der UNO.

Die Konferenz von Potsdam

Mit Roosevelts Tod war die „Anti-Hitler-Koalition" zerbrochen, die in den letzten Jahren erfolgreich gegen das Dritte Reich und Japan agiert hatte. Auf der Potsdamer Konferenz, der vom 17. Juli bis zum 2. August 1945 tagenden Nachkriegskonferenz, nahm von den ehemaligen Verbündeten nur noch Stalin während der gesamten Dauer teil – der ehemalige Vizepräsident Harry S. Truman war Roosevelt im Amt nachgefolgt und vertrat die USA, Winston Churchill hatte am 3. Juli in Großbritannien eine empfindliche Wahlniederlage erlitten und wurde am 28. Juli während der Konferenz vom neuen britischen Premierminister Clement Attlee, einem Labour-Politiker, abgelöst. Die Verhandlungen der drei großen Mächte gestalteten sich fortan schwieriger als zuvor. Aus ehemaligen Verbündeten wurden nun Gegner mit unvereinbaren weltpolitischen, ideologischen und wirtschaftlichen Gegensätzen. Einstimmigkeit erzielten die Großmächte über eine vorübergehende Aufteilung des

Auf der Konferenz von Potsdam konnte Churchill aufgrund einer empfindlichen Wahlniederlage nur noch zu Beginn teilnehmen. Da auch Truman neu im Amt war, nutzte Stalin seine Position der Stärke aus.

Deutschen Reichs, über die Entnazifizierung und den Umgang mit der Wirtschaft und der Bevölkerung Deutschlands. Jede der vier Besatzungsmächte sollte in der jeweiligen Zone politische Handlungsfreiheit erhalten. Darüber hinaus verständigten sich die Siegermächte über die Reparationszahlungen, den Umgang mit Kriegsverbrechern sowie die Entmilitarisierung Deutschlands. Ebenso erzielten die Konferenzteilnehmer eine Einigung über die Zukunft von Polen, das von der Roten Armee besetzt war. Stalin sicherte Truman und Attlee freie Wahlen für Polen zu, „sobald es ihm möglich sei". Die Beschlüsse wurden im Potsdamer Abkommen festgehalten.

Der Atombombenabwurf über Japan

Noch während die Siegermächte in Potsdam tagten, spitzten sich die Kämpfe im Pazifik weiter zu. Die als amerikanischer Triumph visuell stilisierte Schlacht um Iwo Jima und die Schlacht um Okinawa – der letzte Versuch der Japaner, den amerikanischen Vormarsch auf ihr Heimatland zu verhindern – verliefen siegreich, dennoch zeigten sie auch auf, unter welch herben Verlusten ein Sieg gegen Japan errungen werden musste. Hinzu kamen die japanischen Kamikazeflieger, gegen die die Amerikaner machtlos waren. Die Siegermächte forderten daher am 27. Juli 1945 auf der Konferenz von Potsdam die bedingungslose Kapitulation Ja-

Die Amerikaner arbeiteten an einer ultimativen Waffe, um den Zweiten Weltkrieg schnell zu beenden. Schließlich glückte ihnen während der Konferenz von Potsdam der erste erfolgreiche Atombombentest in New Mexico.

pans. Stalin sicherte Roosevelt dabei Unterstützung zu und marschierte Anfang August mit sowjetischen Truppen in die Mandschurei ein.

Japans Führung ignorierte die Forderung von Truman, Stalin und Churchill und weigerte sich zunächst inständig zu kapitulieren. Im Geheimen hatten die USA am *Manhattan Project*, dem Bau einer ersten Atombombe, gearbeitet. Nun, auf der Konferenz von Potsdam, erfuhr US-Präsident Truman vom ersten gelungenen Atombombentest, dem sogenannten Trinity-Test. Mit seinen Beratern fällte er die Entscheidung, die erste Atombombe einzusetzen und über einer japanischen Stadt abzuwerfen. Truman beabsichtigte damit, den Krieg im Pazifikraum schnell zu beenden, und war sich sicher, im Interesse des Weltfriedens zu handeln. Die Zerstörungskraft der Atombombe würde die japanische Führung schnell zur Kapitulation bewegen. Damit, so rechtfertigte Truman den Atombombenabwurf weiter, würde auch das Leben vieler amerikanischer Soldaten gerettet werden, die nicht weiter kämpfen müssten. Letztlich wollte Truman auch seine Macht gegenüber Stalin demonstrieren und ihn als Verhandlungspartner gefügig machen. Allerdings wusste man durch sowjetische Spione in der UdSSR längst von der amerikanischen Bombe. Entsprechend emotionslos nahm Stalin die Neuigkeiten des gelungenen Atombombentests zur Kenntnis.

Truman wollte mit dem Einsatz atomarer Waffen den Krieg endgültig beenden. Er ordnete an, am 6. August über Hiroshima und am 9. August 1945 über Nagasaki Atombomben abzuwerfen. Dabei ließen 150.000 Menschen ihr Leben, 100.000 starben in den Wochen danach an den Folgen des Abwurfs. Dieser Schlag bedeutete das Ende des japanischen Widerstands. Am 14. August gab die japanische Führung ihre Kapitulation bekannt.

Der Atombombenabwurf beendete den Zweiten Weltkrieg und läutete zugleich das atomare Zeitalter ein. Der Kalte Krieg nahm Formen an.

Die schreckliche Vernichtungskraft der neuartigen Bombe thronte über dem Konflikt zwischen Ost und West und verbreitete auf beiden Seiten die Angst vor einer vollständigen Zerstörung der eigenen Zivilisation. Dennoch verhinderte die Atombombe in gleicher Weise auch einen direkten bewaffneten Konflikt der Supermächte, die während des Kalten Krieges ein Waffenarsenal aufbauten, das die Erde mehrfach hätte zerstören können.

Die Ausbreitung des Kommunismus – Der Eiserne Vorhang fällt über Osteuropa

Stalin wollte mit der Nachkriegsordnung für sich selbst, für sein Land und für sein Regime absolute Sicherheit. Nie wieder sollte seine Herrschaft im Inneren der UdSSR angefochten werden, und nie wieder sollte ein anderes Land die Sowjetunion dergestalt in Bedrängnis bringen, wie es das Dritte Reich zuvor getan hatte. Die Sowjetunion hatte im Zweiten Weltkrieg große Verluste und Entbehrungen erleiden müssen. Nun, so forderte Stalin, sollte sie nicht nur diejenigen Gebiete zurückerhalten, die von den Deutschen besetzt waren, sondern auch jene, die 1939 im „Hitler-Stalin-Pakt" an die UdSSR gefallen waren: das Baltikum, Teile von Finnland, Polen und Rumänien.

In Jalta hatte Stalin seinen Bündnispartnern Roosevelt und Churchill freie Wahlen in den von der Roten Armee besetzten Gebieten versprochen. Doch nun, in den Jahren 1945/46 drängten die kommunistischen Kräfte mit der Unterstützung der Roten Armee in den osteuropäischen Staaten an die Macht. Mit polizeistaatlichen Methoden wurden die politischen Gegner eliminiert und Wahlen manipuliert. Dabei galten die Maßnahmen in erster Linie nur der Sicherung der eigenen Macht und erst in zweiter Instanz der Ausbreitung des Kommunismus über die Sowjetunion hinaus.

Dies veranlasste den ehemaligen britischen Premierminister Winston Churchill im März 1946 zu einer Rede in den USA,

Jugoslawien war seit dem Ende des Zweiten Weltkrieges ein getreuer Verbündeter der UdSSR gewesen. Jedoch war **Josip Broz Tito** aus eigener Kraft an die Macht gelangt. Er hatte die Nazis mit seinen Partisanen vertrieben und nicht mit der Unterstützung der Roten Armee. Als Moskau den Druck auf ihn erhöhte und ihn zur Unterwerfung zwingen wollte, brach Tito im Juni 1948 öffentlich mit Stalin, der sich unbeeindruckt gab: „Ich brauche nur meinen kleinen Finger bewegen und es gibt keinen Tito mehr." Der jugoslawische Führer indes erhielt nun Wirtschaftshilfen aus den USA. Dort war er zuvor öffentlich als „Mistkerl" bezeichnet worden. US-Außenminister Dean Acheson stellte in Washington fest, dass er jetzt „unser Mistkerl" war.

Stalins Aufstieg zur Macht

Wie kein anderer hat Stalin die Sowjetunion geprägt und beherrscht. Keiner seiner Nachfolger hatte eine entsprechende Machtfülle, und es gelang ihm, sein Land von einem rückständigen Agrarstaat zu einer führenden Industrienation zu transformieren. Als er aus dem „großen vaterländischen Krieg" als Sieger hervorging, brachte ihm das eine nahezu religiöse Verehrung in der Sowjetunion ein, die er mit seinem Unterdrückungsapparat stützte.

Stalin wurde unter dem Namen Iosif Vissarionovič Džugašvili am 18. Dezember (gregorianischer Kalender) 1878 im georgischen Gori als Sohn eines wohlhabenden Schuhmachers geboren. Er wuchs als Einzelkind auf, weil seine Geschwister wenige Monate nach ihrer Geburt verstarben. Sein Vater entwickelte sich trotz des wirtschaftlichen Erfolges zu einem streitsüchtigen Alkoholiker, der häufig Frau und Kind verprügelte. Mit 18 Jahren trat der junge Iosif in die erste sozialistische Organisation Georgiens ein. Ein Jahr später folgte die Mitgliedschaft bei der sozialdemokratischen Arbeiterpartei Russlands.

Eigentlich hatte Iosif vor, Priester zu werden. Da er aber aus dem Seminar für angehende Priester wegen zu häufigen Fehlens ausgeschlossen wurde, widmete er sich ganz seiner politischen Tätigkeit. Er arbeitete als Propagandist der SDAPR und nahm 1902 seinen Kampfnamen „Stalin" an. Weil Stalin Streiks und Demonstrationen unter den Arbeitern der Eisenbahn organisiert und eine Arbeiterdemonstration in Georgien angeführt hatte, wurde er von der zaristischen Polizei verhaftet und verbannt. Stalin konnte aus der Verbannung entkommen, wurde in den nächsten Jahren aber immer wieder verhaftet und dorthin zurückgeschickt. Jedes Mal konnte er wieder entkommen. In dieser Zeit spaltete sich auch die SDAPR auf ihrem Parteitag in London in die Menschewiki und Bolschewiki unter Lenin, denen sich Stalin anschloss.

Nach der Februarrevolution 1917 verfolgte Stalin zunächst den Kurs einer Kooperation mit der provisorischen Regierung unter Kerenski, und im Sommer wurde er zum Mitglied des Zentralexekutivkomitees (ZEK) des Allrussischen Sowjetkongresses gewählt. Als Lenin aus seinem Exil in der Schweiz zurückkehrte und die Annäherung an Kerenksi als Verrat deklarierte, wich auch Stalin von seinem ursprünglichen Kurs ab und blieb in der Folge in Lenins Fahrwasser. Dennoch hatte er mit den Vorbereitungen zur Oktoberrevolution wenig zu tun. Diese Rolle fiel seinem parteiinternen Widersacher Leo Trotzki zu.

Stalin gehörte in dieser Zeit einem Triumvirat innerhalb des Zentralkomitees an, das aus Stalin, Lew Kamenew und Grigori Sinowjew bestand. Diese drei verband die gemeinsame Abneigung gegen Leo Trotzki, und sie fingen nun an, die Fäden im Hintergrund zu ziehen. Lenin befürchtete einen Verrat durch Kamenew sowie Sinowjew und wollte beide aus der Partei ausschließen, was Stalin verhindern konnte.

Als sich Lenin am 16. Dezember 1922 aus der Politik zurückzog, setzte sich das Triumvirat an die Spitze der Macht des Zentralkomitees. Es kam zu parteiinternen Kämpfen, und auch Lenin sprach sich gegen das Triumvirat aus, das sich jedoch gegen den Widerstand behaupten konnte. Doch bereits nach Lenins Tod 1924 zerbrach das Dreierbündnis. Zwischen Stalin und seinen ehemaligen Weggefährten brach ein Machtkampf aus. Kamenew und Sinowjew wurden zu innerparteilichen Kontrahenten Stalins, der die beiden 1926 erfolgreich aus der Partei drängte. Ende 1927 wurde Trotzki aus der Partei ausgeschlossen, verbannt und aus der UdSSR ausgewiesen. Stalin war damit am Gipfel der Macht angekommen und bis zu seinem Tod Alleinherrscher der Sowjetunion.

Stalin schaffte es in der Folge des Zweiten Weltkrieges, auch innerhalb der Sowjetunion seine Herrschaft auszubauen. Regimegegner wurden gnadenlos verfolgt, seine Person wurde nahezu kultisch verehrt.

Mit dem Ende des Zweiten Weltkrieges stieg auch sein internationaler Einfluss. Nach Roosevelts Tod und Churchills Wahlniederlage waren seine neuen Verhandlungspartner gegen seine Machtfülle nahezu hilflos. Weder Truman noch Attlee waren ebenbürtige Verhandlungspartner gegenüber dem unumstrittenen Kremlherrscher, der seit 1929 fest im Sattel saß, zuerst sein Land umgestaltete und es dann im Zweiten Weltkrieg zum Sieg führte. In Stalins Person kamen Paranoia, Narzissmus und das Streben nach absoluter Macht zusammen. ■

Der jugoslawische Präsident Tito verweigerte Stalin die Gefolgschaft und beschritt einen anderen Weg des Kommunismus.

bei der auch Präsident Truman anwesend war, in der er erstmals davon sprach, dass in Europa ein „Eiserner Vorhang" niedergezogen würde. Bis 1948 hatte die Sowjetunion ihren Traum von einem schützenden Ring aus Satellitenstaaten geschaffen. Faktisch waren damit Albanien, Bulgarien, Rumänien, Polen, Ungarn und schließlich auch die Tschechoslowakei – der einzige osteuropäische Staat, der sich nach dem Weltkrieg eine demokratische Regierung bewahrt hatte – unter der Kontrolle der UdSSR. Einzig dem jugoslawischen Ministerpräsidenten Josip Broz Tito gelang es, den Einfluss der Sowjetunion in Grenzen zu halten.

Stalins Expansionsdrang veranlasste Roosevelt, konkrete Vereinbarungen mit der UdSSR über die Zukunft Osteuropas auszusetzen. Aus einer vermeintlichen Position der Stärke innerhalb der Siegermächte heraus setzte Stalin daraufhin die sowjetischen Interessen in den von der Roten Armee kontrollierten Gebieten ohne Rücksprache mit dem Westen und unter der Ausschaltung Andersdenkender durch.

Die US-Außenpolitik nach dem Ende des Zweiten Weltkrieges

Durch Stalins Handeln geriet die Regierung unter dem neuen US-Präsidenten Harry S. Truman zunehmend unter Druck. Die alte Forderung der US-Amerikaner nach Isolation und dem Heraushalten aus europäischen

Konflikten wurde in der Bevölkerung immer lauter, die nun auch die Rückkehr der über zwei Millionen amerikanischen Soldaten forderte. Mit dem Schlachtruf „Bring the boys back home" forderten weite Teile der Bevölkerung, die US-Außenpolitik solle sich wieder nur auf die eigene Hemisphäre zurückziehen und aus Europa heraushalten.

Truman reagierte und zog einen Großteil der amerikanischen Soldaten ab, deren Zahl sich 1946 bereits auf 400.000 verringerte. Allerdings keimte in ihm bereits die Furcht vor der Sowjetunion und der Roten Armee, die mit vier Millionen Soldaten in Europa den reduzierten Einheiten der Amerikaner direkt gegenüberstand und bereit war, ihre Überlegenheit zu demonstrieren. Trumans größte Sorge war, dass ein vollständiger Truppenabzug der Amerikaner auch Deutschland und Westeuropa an die sowjetischen Truppen überliefern würde. Allein die Atombombe als militärisches Druckmittel schien Stalin nicht zu beeinflussen. Truman konnte somit den Forderungen nach Isolationismus nicht gänzlich nachgeben.

Im besetzten Nachkriegsdeutschland begann die Amerikanisierung. Viele amerikanische Soldaten hatten bald eine deutsche Freundin.

Mit der zunehmenden Auseinanderdriftung beider Seiten änderte sich daher auch die US-Außenpolitik und die Amerikaner richteten sich ab der zweiten Hälfte des Jahres 1946 auf einen längeren Aufenthalt in Europa ein. Die USA wollten langfristig mit den Westeuropäern kooperieren und Bündnisse bilden, was weitreichende politische, wirtschaftliche, militärische und kulturelle Konsequenzen für Politik und Gesellschaft in den USA wie in Westeuropa haben sollte.

Richtungsweisend für diesen Prozess wurde das sogenannte „Kennan-Telegramm", das der Botschaftsrat der Amerikaner in Moskau, George F. Kennan, an Präsident Truman richtete. Kennan warnte den Präsidenten ausdrücklich vor dem Expansionswillen der UdSSR, die nur danach strebten, die Autorität des Sowjetregimes zu stärken und die Traditionen und Lebensgewohnheiten der USA zu zerstören. Kennan forderte von Truman eine Politik der Eindämmung, die *Containment*-Politik, um die weitere Expansion der UdSSR zu verhindern sowie um Freiheit und Demokratie in der westlichen Welt zu schützen.

Die Entkolonisierung

Das Ende des Zweiten Weltkrieges bedeutete nicht nur die Neuordnung Europas und von Teilen Asiens sowie die Blockbildung in Ost und West. Es entstand auch eine tiefe Zäsur im Kolonialwesen.

Deutschland hatte seine Kolonien bereits nach dem Ersten Weltkrieg verloren, Japan und Italien ihre nach dem Zweiten Weltkrieg. Ebenso entließen die USA die Philippinen in die Unabhängigkeit und arbeiteten gemeinsam mit der UNO darauf hin, dass alle Kolonialmächte so handelten. Großbritannien stimmte unter dem Druck der UNO und der USA diesem Vorhaben zu. Durch den Zweiten Weltkrieg war es wirtschaftlich geschwächt und entließ zunächst alle Kolonien östlich von Suez in die Unabhängigkeit. Allerdings kam es in der Folge in den ehemaligen Kolonien wiederholt zu Unruhen, die aus Problemen resultierten, die die britische Kolonialadministration hinterlassen hatte. In Indien und Palästina kam es zu den schwersten Unruhen, die teilweise kriegerische Ausmaße annahmen.

Die Oberhäupter ihrer Länder Nasser (Ägypten), Tito (Jugoslawien) und Nehru (Indien) begründeten die Idee einer Dritten Welt neben dem Westen und dem Osten.

Nach dem Wegzug Großbritanniens eskalierte die Lage in Palästina, das einerseits von Juden und andererseits von Arabern beansprucht wurde. Daraufhin wurde Palästina in einen jüdischen und einen arabischen Staat geteilt, was für beide Seiten inakzeptabel war und nach der Unabhängigkeitserklärung von Israel 1948 in einen Krieg mit den arabischen Nachbarn mündete.

Frankreich gab 1946 unter dem Druck der UNO Syrien und dem Libanon die Unabhängigkeit, bestand jedoch auf der Fortführung der Kolonialherrschaft in Afrika und Indochina. Dort stießen die Franzosen auf eine starke antikoloniale

Bewegung und vehementen vietnamesischen Widerstand, der schließlich in den Vietnamkrieg mündete. Zunächst versuchten auch einige Kolonialmächte, ihren Besitz zu erhalten und die Kolonialansprüche nach dem Zweiten Weltkrieg wieder zu manifestieren. Die Niederlande scheiterten jedoch am Widerstand Indonesiens und konnten ihre Ansprüche nicht durchsetzen. 1949 entließen sie Indonesien in die Unabhängigkeit.

Die afrikanischen Kolonien wurden größtenteils zunächst beibehalten. Sie wurden erst bis 1960 nach und nach unabhängig. Lediglich Portugal versuchte unter seinem faschistischen Diktator, sein Kolonialreich aufrechtzuerhalten. In Portugals Kolonien entwickelte sich ein militärischer Befreiungskrieg, der bis ins Jahr 1974 andauerte, als mit Marcello Caetano der letzte Diktator vertrieben werden konnte.

Vor allem England und Frankreich waren durch den Zweiten Weltkrieg geschwächt und folgten letztlich dem Druck der UNO, da sie sich nunmehr weder wirtschaftlich noch militärisch ein Kolonialreich leisten konnten. Diesen Umstand nutzte wiederum Stalin. Er versuchte, die nun unabhängigen Kolonien als Bündnispartner zu gewinnen, und stilisierte die Entkolonisierung zum Freiheitskampf der ehemaligen Kolonien. Um aber nicht zwischen die Fronten von Ost und West zu geraten, gründeten die ehemaligen Kolonien unter der Führung von Indien (Jawaharlal Nehru), Ägypten (Gamal Abd el Nasser) und Indonesien (Sukarno) die Organisation der Blockfreien Staaten. Sie wurde zu einem gewichtigen Sprachrohr in der UNO und brachte in vielen Diskussionen immer wieder die Perspektive der ehemaligen Kolonien ein. Obwohl politisch unabhängig, blieben sie doch auch weiterhin wirtschaftlich von ihren westlichen Mutterländern abhängig. ■

Die Teilung der Welt, 1947–1955

Das Jahr 1947 brachte schließlich den endgültigen Bruch der ehemaligen Verbündeten und der Anti-Hitler-Koalition mit sich. Schritt für Schritt drifteten Ost und West auseinander und versuchten zugleich, ihre eigene Stärke nach innen wie nach außen zu demonstrieren. Beiden Seiten war bereits klar, dass die Spannungen zwischen ihnen in der Nachkriegsphase immer weiter zunehmen würden. Sowohl im Westen wie im Osten wurde die ideologische und politische Spaltung immer mehr wahrgenommen und ausdrücklich forciert. Innerhalb weniger Jahre schufen die Weltmächte eine neue Weltordnung, über der die Atombombe als warnendes Beispiel thronte und so einen offenen Konflikt verhinderte. Neue Organisationen und Bündnisse entstanden zur eigenen Sicherheit und Unterstützung beider Seiten.

Im Herzen des Konflikts lag der Streit um die Zukunft Deutschlands, da sich in dieser Phase die beiden „neuen" deutschen Staaten, die Bundesrepublik und die DDR herausbildeten. Beide deutsche Staaten wurden in die jeweiligen transnationalen Bündnisse integriert. Europa und vor allem Deutschland bildeten den Mittelpunkt des vermeintlichen Kriegsgeschehens.

Die Haltung der Sowjetunion sowie die Erweiterung ihrer Einflusssphäre auf Osteuropa lösten in der westlichen wie in der östlichen Bevölkerung große Enttäuschung bis hin zur Ernüchterung aus. Offensichtlich hatten weder die ehemaligen Alliierten noch die neu gebildete UNO ein Mittel, Stalins Expansionsdrang zu unterbinden. Nicht einmal das zu dieser Zeit noch bestehende amerikanische Atombombenmonopol konnte Druck auf die UdSSR ausüben, die das Selbstbestimmungsrecht der Völker missachtete und die zuvor gestellte Forderung nach freien Wahlen in Osteuropa schlicht ignorierte. Stalins Sowjetunion ging gestärkt aus dieser Phase hervor. Darüber hinaus schwand die internationale Bereitschaft, mit der Sowjetunion zusammenzuarbeiten.

Truman-Doktrin und „Zwei-Lager-Theorie"

Um auf die internationalen Spannungen zu reagieren, hielt Präsident Truman am 12. März des Jahres 1947 vor dem Kongress eine Rede, die international als Truman-Doktrin bekannt wurde und den Rahmen für seine weitere Außenpolitik umriss. Die Truman-Doktrin wurde zum außenpolitischen Grundsatz der USA während des Kalten Krieges. Truman sagte „allen Völkern, deren Freiheit von militanten Minderheiten oder durch einen äußeren Druck bedroht ist", Beistand zu und unterstrich damit einmal mehr den missionarischen Charakter der Vereinigten Staaten. Der Präsident spielte damit auf die Situation in der Türkei, auf die die Sowjetunion seit 1945 Druck ausübte, sowie in Griechenland an. Dort tobte seit 1946 ein erneuter Bürgerkrieg zwischen kommunistischen und konservativen Kräften. Großbritannien, zu dessen Einflussgebiet Griechenland seit dem Rückzug der Deutschen zählte, sah sich allerdings alleine nicht in der Lage, die konservative griechische Regierung gegen die aus dem antifaschistischen Widerstand hervorgegangene, kommunistisch dominierte Rebellenarmee zu stützen. Truman beabsichtigte, Großbritannien zu unterstützen. Dafür benötigte er jedoch die Zustimmung des Kongresses und war nun bemüht, Politik wie Öffentlichkeit darauf einzustimmen. Wie viele Präsidenten vor und nach ihm, stilisierte er den politischen Gegner zu einem Reich des Bösen und machte damit die Sowjetunion zum Feindbild der Freiheit und Demokratie. Die Truman-Doktrin bildete den Anfang der amerikanischen Eindämmungspolitik (*Containment Policy*) gegenüber der Sowjetunion. Doch die amerikanische Opposition, die Republikanische Partei, ging noch weiter. Noch 1947 präsentierte sie einen Gegenentwurf zur *Containment Policy*: die Befreiungspolitik (*Liberation*). Dieses Thema beschäftigte die Präsidentschaftswahlen von 1948 und 1952. Es sah vor, die Passivität hinter der Eindämmungspolitik zu überwinden, die nur auf eine Aktion Moskaus warte, und die Sowjetunion in ihrem eigenen Einflussbereich anzugreifen. Schließlich wuchsen beide Theorien zur *Containment Liberation*-Strategie zusammen und beherrschten damit den Kalten Krieg.

Die Antwort Moskaus ließ nicht lange auf sich warten. Im September 1947 überbrachte der „Chefideologe des Politbüros", Andrej Schdanow, zur Eröffnung des Kommunistischen Informationsbüros (Komintern) die Antwort Stalins auf die Truman-Doktrin, die „Zwei-Lager-Theorie": Mit dem Ende des Zweiten Weltkrieges seien zwei unterschiedliche Lager entstanden. Die imperialistische-antidemokratische Welt des Westens stehe der antiimperialistischen-demokratischen Lebensweise des Ostens unvereinbar gegenüber. Der Westen bereite sich bereits auf einen neuen Krieg vor, sodass es die Pflicht des Ostens sei, sich darauf vorzubereiten und sich zu schützen. Stalin erklärte damit das tiefe Misstrauen gegenüber dem Westen, das er ohnehin innehatte, zur offiziellen Politik. Damit war der Kalte Krieg von beiden Seiten offiziell erklärt worden.

Mit dem Marshallplan flossen Millionen von Geldern in den Aufbau Europas. Allerdings blieben diese nur den westlichen Staaten vorbehalten, nachdem sich der Eiserne Vorhang über Osteuropa gesenkt hatte.

Auf Anregung des amerikanischen Außenministers George C. Marshall in einer Rede am 5. Juni 1947 an der Harvard University, entwickelten die Vereinigten Staaten im selben Jahr das *European Recovery Program* (ERP), das unter dem Namen Marshallplan bekannt wurde. Damit sollten alle europäischen Länder beim Wiederaufbau nach dem Weltkrieg unterstützt und die Ausbreitung des Kommunismus verhindert werden. Der Marshallplan umfasste 12,4 Milliarden Dollar, die aber letztlich nur von den westlichen Staaten inklusive der neutralen Schweiz entgegengenommen wurden, da die Sowjetunion ihren Satellitenstaaten die Annahme der amerikanischen Hilfe nicht gestattete. Im Juli 1947 trafen sich 16 europäische Länder zur Marshallplan-Konferenz in Paris, um über das weitere Vorgehen zu beraten. Der Marshallplan erfüllte somit seine Zielvorgabe nur zum Teil. Der Westen Europas konnte sich durch ihn wirtschaftlich erholen, der Abfall des Ostens allerdings konnte nicht verhindert werden.

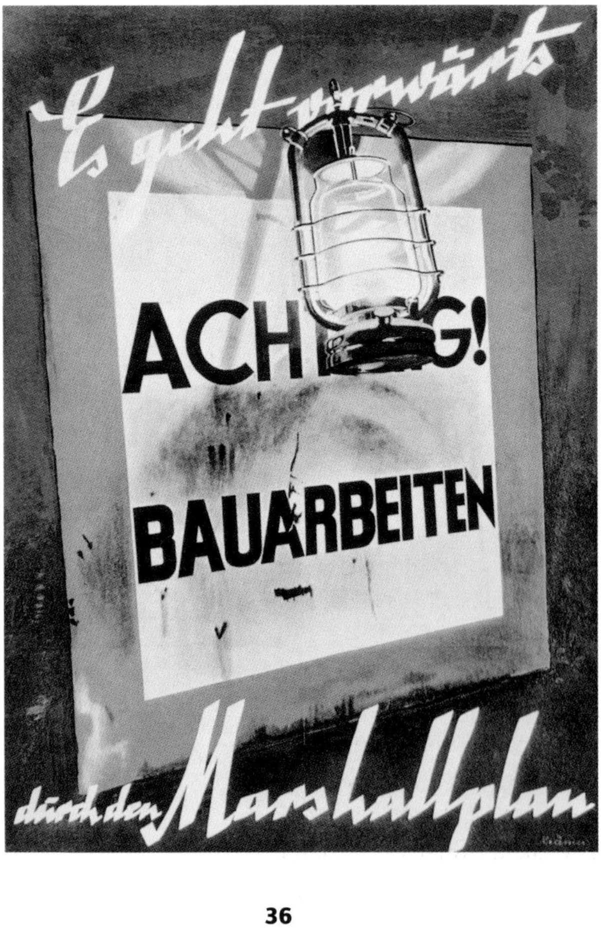

Um über die Gelder aus dem Marshallplan zu entscheiden, schlossen sich am 16. April 1948 die 16 europäischen Länder zur Organisation für europäische wirtschaftliche Zusammenarbeit (OECD) zusammen. Mit einem gemeinsamen Konzept wollten sie den wirtschaftlichen Wiederaufbau sowie die internationale Zusammenarbeit in Europa voranbringen.

Die Truman-Doktrin muss gewissermaßen als Kriegserklärung des Kalten Krieges verstanden werden. Hierbei ist zu beachten, dass die Vereinigten Staaten sich durch den aufkommenden Ost-West-Konflikt in ihrer nationalen Sicherheit bedroht sahen und daher Maßnahmen zur Eindämmung des Kommunismus auf der einen und zu ihrem Schutz sowie zur Verteidigung auf der anderen Seite unternahmen. Der Machtapparat und die Waffenarsenale des Zweiten Weltkrieges wurden nicht etwa abgebaut, sondern zusätzlich erweitert. Der *National Security Act* von 1947 reorganisierte und straffte die militärisch-politische Führungsstruktur. Zudem wurde mit diesem Gesetz der *National Security Council*, der nationale Sicherheitsrat, eingeführt. Ihm gehörten fortan der Präsident, der Vizepräsident, der Außenminister und der Verteidigungsminister als feste Mitglieder an. Die Ministerien für Marine und für Krieg wurden zudem zum Verteidigungsministerium zusammengeführt, dem im Kalten Krieg eine besondere strategische Bedeutung zukam. Auch der Geheimdienst wurde reformiert: Aus dem Ende 1945 aufgelösten *Office of Strategic Services* wurde die CIA (*Central Intelligence Agency*), die direkt dem Präsidenten unterstehen sollte.

Zum Kalten Krieg gehörten auch die verschiedenen Geheimdienste auf beiden Seiten wie die US-amerikanische Central Intelligence Agency (CIA).

Berlin-Blockade

Im Laufe des Jahres 1947 hatte sich der Ton zwischen den ehemaligen Siegermächten des Zweiten Weltkrieges deutlich verschärft. Gestützt durch das Atomwaffenmonopol und die wirtschaftliche Überlegenheit forderten die Vereinigten Staaten nachdrücklich ein Europa ohne sowjetischen Einfluss mit parlamentarischen und demokratischen Strukturen. Doch die Sowjetunion beabsichtigte in keiner Weise, ihren Sicherheitsgürtel aus den europäischen Ländern zu opfern. Der Eiserne Vorhang war installiert und hinter ihm – aus westlicher Sicht – lag Berlin. Die Berlinkrise von 1948/49 erwies sich zudem als Beschleunigungsfaktor für die Blockbildung.

Eine Voraussetzung für die wirtschaftliche Überlegenheit des Westens war die erfolgreiche Durchführung des Marshallplans sowie in Deutschland speziell eine Währungsreform in der Westzone. Daher nahm die Bank deutscher Länder am 1. März 1948 ihre Arbeit auf und führte mit der Währungsreform vom 21. Juni 1948 die Deutsche Mark in den westlichen Besatzungszonen ein. Parallel dazu führte die UdSSR in der SBZ ab dem 23. Juni eine eigene Währung ein und versuchte zugleich mit der Blockade Berlins, die Währungsreform in den Westzonen sowie die Weststaatsgründung zu verhindern. Die Aufteilung von Berlin regelte zwar die Unterteilung in die vier Sektoren der Besatzungsmächte. Die Zufahrt und Erreichbarkeit von Berlin durch den Westen durch die Sowjetische Besatzungszone war jedoch nicht hinreichend geklärt worden. Letztlich hatte die UdSSR einem Straßenkorridor und drei Luftkorridoren von Frankfurt, Hannover und Hamburg zugestimmt, über die der Westen Berlin erreichen konnte. Die Währungsreform in den drei Westzonen Deutschlands und Berlins wurde nun von der UdSSR als Bruch der Potsdamer Beschlüsse gewertet. Moskau forderte eindringlich die strikte Wahrung der politischen und wirtschaftlichen Neutralität Deutschlands. Daher antwortete Stalin am 24. Juni, dem Tag der Währungsunion, mit einer totalen Wirtschafts- und Handelsblockade Berlins. Sein Ziel war es, die Versorgung der Stadt mit Lebensmitteln und Brennmaterial zum Erliegen zu bringen und somit die drei Westmächte aus Berlin zu verdrängen.

Nach der Bodenblockade blieb den westlichen Siegermächten lediglich der Zugang aus der Luft nach Berlin. Noch am ersten Tag der Blockade demonstrierten die USA ihre technische Überlegenheit und begannen mit der Luftbrücke. Über 1,6 Millionen Tonnen lebensnotwendiger Güter flogen sie in insgesamt 190.000 Flügen nach Berlin. Oftmals fanden die Starts der Rosinenbomber, wie die amerikanischen Flugzeuge bald genannt wurden, alle 90 Sekunden statt. Die US-Amerikaner schafften es somit, West-Berlin zu halten und die Bevölkerung zu versorgen. Die ehemalige Reichshauptstadt wurde damit zu einem symbolträchtigen Ort im Kampf gegen den Kommunismus und gewissermaßen zum Zentrum des Kalten Krieges. Elf Monate später, am 5. Mai 1949, kamen die Westmächte mit der UdSSR zu einer Einigung, wonach die Blockade am 12. Mai aufgehoben wurde.

Der spätere Regierende Bürgermeister von Berlin, Ernst Reuter (SPD), hielt auf einer Demonstration am 9. September 1948 seine berühmt gewordene Rede mit dem Aufruf an die Westmächte, Berlin nicht aufzugeben: **„Ihr Völker der Welt, schaut auf diese Stadt!"** Er wurde zur Symbolfigur des Widerstandes gegen die Berlin-Blockade.

Stalin kommentierte seine Haltung mit den Worten: „Das ist keine Blockade, sondern eine Verteidigungsmaßnahme."

So defensiv die Blockade eventuell auch gemeint gewesen sein mag, Stalin offenbarte damit – und mit dem Staatsstreich in der Tschechoslowakei, der die Kommunisten an die Macht brachte – seinen offensiven Charakter. Der US-Kongress, der zu diesem Zeitpunkt den Marshallplan noch nicht gebilligt hatte, stimmte Trumans Wiederaufbauprogramm für Europa zu, und die westeuropäischen Länder gewannen die Überzeugung, dass die Vereinigten Staaten ihnen militärischen Schutz gewährleisten sollten und ein gemeinsames Verteidigungsbündnis entstehen sollte.

Transnationale Bündnisse

Als Gegenentwurf zum Marshallplan entwarf der Osten den Rat für gegenseitige Wirtschaftshilfe (RGW). Am 18. Januar 1949 trafen sich Abgesandte aus sechs Ostblock-Staaten und unterzeichneten ein Protokoll zur Gründung der RGW, das am 25. Januar veröffentlicht wurde. Die Gründungsmitglieder waren die Sowjetunion, Polen, Rumänien, Ungarn, Bulgarien und die Tschechoslowakei. Am 23. Februar kam auch Albanien und am 29. September 1950 die DDR hinzu. Später wurden zudem die Mongolei (1962), Kuba (1972) und Vietnam (1978) Mitglieder des RGW. Weitere internationale Staaten hatten Beobachterstatus oder unterzeichneten Kooperationsverträge.

Vornehmliches Ziel des RGW war es, die wirtschaftliche Spezialisierung und Aufteilung unter den sozialistischen Staaten zu fördern und somit Synergieeffekte aus den unterschiedlichen Volkswirtschaften zu erzielen. Die zur Gründungszeit herrschenden unterschiedlichen wirtschaftlichen Bedingungen in den einzelnen Ländern sollten darüber hinaus langfristig angeglichen werden.

Aus Furcht vor der expansionistischen Politik der Sowjetunion gingen die Vereinigten Staaten erstmals in ihrer Geschichte und mit lauten Gegenstimmen der Befürworter des amerikanischen Isolationismus zu Friedenszeiten ein umfangreiches militärisches Bündnis mit den westeuropäischen Staaten ein. Nur mühevoll gelang es der US-Regierung, in dieser Phase Gesellschaft und Politik davon zu überzeugen, dass „Amerikas Freiheit“ in Übersee und nicht an den Landesgrenzen verteidigt werden müsse. Letzten Endes gaben die Berlin-Blockade und das Zünden der ersten sowjetischen Atombombe den Ausschlag für die Gründung der NATO.

Ein erster und gleichsam sehr bedeutender Schritt war die Unterzeichnung der Nordatlantik-Charta. Am 4. April 1949 schlossen sich zwölf Länder unter der Federführung der USA zum Nordatlantikpakt,

Bundeskanzler Adenauer und der französische Außenminister Antoine Pinay bei der feierlichen Vertragsunterzeichnung des Beitritts Deutschlands zur Nato am 9. Mai 1955.

der *North Atlantic Treaty Organization* (NATO), zusammen. Das Verteidigungsbündnis aus nordamerikanischen wie westeuropäischen Staaten hatte sich zum Ziel gesetzt, Freiheit und Sicherheit der Mitglieder durch Abschreckung, Aufrüstung und ständige Abwehrbereitschaft zu garantieren. Im Falle eines Angriffs würden sich alle Mitgliedsstaaten gegenseitig unterstützen. 1954 wurde die Bundesrepublik Deutschland zum Beitritt eingeladen und trat dem Verteidigungsbündnis am 9. Mai 1955 bei. Damit war die Bundesrepublik in den Westen integriert.

Auch auf die NATO reagierte der Osten und gründete den Warschauer Pakt, auch Warschauer Vertrag genannt. Er war ab dem 14. Mai 1955 das militärische Verteidigungsbündnis des Ostblocks. Unterzeichnet wurde das Bündnis von acht Staaten: von der UdSSR, Polen, Rumänien, Bulgarien, Albanien, der Tschechoslowakei, Ungarn und der DDR, die somit nun fest in das östliche Bündnis integriert war.

Der Beginn des Wettrüstens

Am 29. August 1949 sprengte die Sowjetunion das US-amerikanische Atomwaffenmonopol. An diesem Tag führte sie ihren ersten gelungenen Nukleartest auf dem Atomwaffentestgelände Semipalatinsk in Kasachstan durch. Die Amerikaner waren schockiert, denn sie hatten mit dem ersten erfolgreichen Atomwaffentest der Sowjetunion erst Jahre später gerechnet. Hinzu kam, dass dieser Test nur aufgrund der Spionagedaten des deutschen Atomforschers Klaus Fuchs möglich war, der zuvor am *Manhattan Project* der USA beteiligt war. Er rechtfertigte sich moralisch damit, dass ein Gleichgewicht der Kräfte im Bereich der Atomwaffen für eine sicherere Welt sorge.

Die Folgen waren für die Amerikaner beängstigend, hatten sie zuvor doch angenommen, sie könnten sich auf die Umsetzung des Marshallplanes und den Aufbau Europas konzentrieren. Ihre Atombombe würde Stalin vor weiteren Schritten gegen den Westen abhalten. Bislang hatten sie daher auf einen Ausbau ihrer konventionellen Truppen verzichtet. Doch nun standen sie einer Übermacht an Rotarmisten in Europa gegenüber, die zudem noch die Atombombe in der Hinterhand hatten.

Zu den Methoden des Kalten Krieges gehörte auch das „Säbelrasseln" mit den eigenen Waffen, wie hier bei einer Militärparade auf dem Roten Platz in Moskau. Hierbei war sogar Transparenz gefragt. Der Gegner sollte immer wissen, über welche militärische Schlagkraft man verfügte.

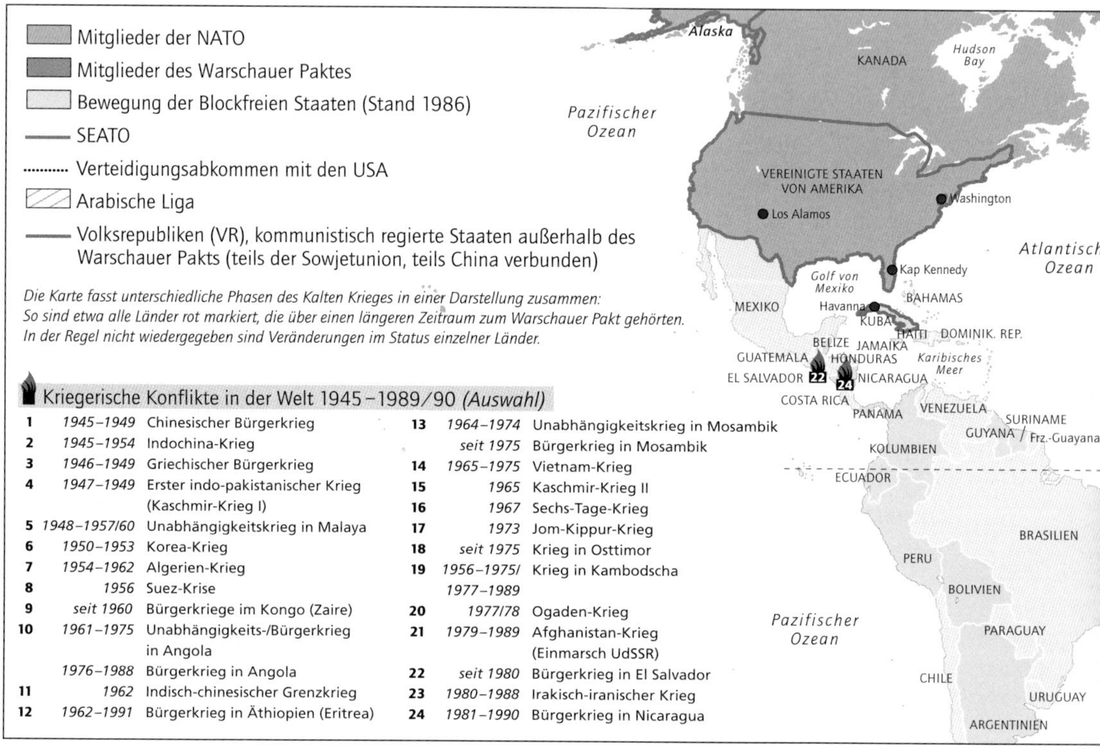

Kriegerische Konflikte in der Welt 1945–1989/90 *(Auswahl)*

1	*1945–1949*	Chinesischer Bürgerkrieg	**13**	*1964–1974*	Unabhängigkeitskrieg in Mosambik
				seit 1975	Bürgerkrieg in Mosambik
2	*1945–1954*	Indochina-Krieg	**14**	*1965–1975*	Vietnam-Krieg
3	*1946–1949*	Griechischer Bürgerkrieg	**15**	*1965*	Kaschmir-Krieg II
4	*1947–1949*	Erster indo-pakistanischer Krieg (Kaschmir-Krieg I)	**16**	*1967*	Sechs-Tage-Krieg
5	*1948–1957/60*	Unabhängigkeitskrieg in Malaya	**17**	*1973*	Jom-Kippur-Krieg
6	*1950–1953*	Korea-Krieg	**18**	*seit 1975*	Krieg in Osttimor
7	*1954–1962*	Algerien-Krieg	**19**	*1956–1975/ 1977–1989*	Krieg in Kambodscha
8	*1956*	Suez-Krise			
9	*seit 1960*	Bürgerkriege im Kongo (Zaire)	**20**	*1977/78*	Ogaden-Krieg
10	*1961–1975*	Unabhängigkeits-/Bürgerkrieg in Angola	**21**	*1979–1989*	Afghanistan-Krieg (Einmarsch UdSSR)
	1976–1988	Bürgerkrieg in Angola	**22**	*seit 1980*	Bürgerkrieg in El Salvador
11	*1962*	Indisch-chinesischer Grenzkrieg	**23**	*1980–1988*	Irakisch-iranischer Krieg
12	*1962–1991*	Bürgerkrieg in Äthiopien (Eritrea)	**24**	*1981–1990*	Bürgerkrieg in Nicaragua

Karte 2: In Lauerstellung lagen sich Ost und West mit ihren Militärbündnissen im „Kalten Krieg" gegenüber. „Heiß" wurde der Konflikt nur in den Stellvertreterkriegen in der „Dritten Welt".

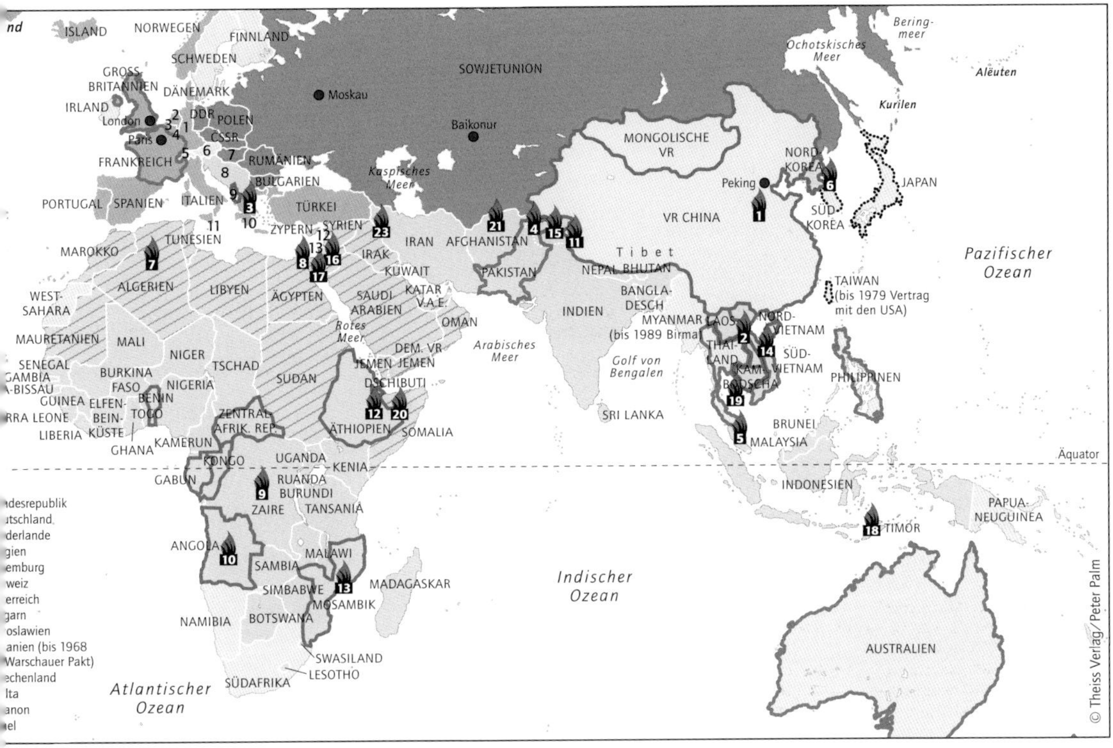
nd
ISLAND
NORWEGEN
FINNLAND
SCHWEDEN
SOWJETUNION
GROSS-BRITANNIEN
DÄNEMARK
Moskau
IRLAND
London
DDR
POLEN
Paris
ČSSR
FRANKREICH
RUMÄNIEN
Baikonur
Kaspisches Meer
BULGARIEN
PORTUGAL
SPANIEN
ITALIEN
TÜRKEI
MONGOLISCHE VR
NORD-KOREA
Peking
JAPAN
VR CHINA
SÜD-KOREA
ZYPERN
SYRIEN
TUNESIEN
MAROKKO
IRAK
IRAN
AFGHANISTAN
KUWAIT
PAKISTAN
Tibet
NEPAL
BHUTAN
ALGERIEN
LIBYEN
ÄGYPTEN
SAUDI-ARABIEN
KATAR
V.A.E.
OMAN
INDIEN
BANGLA-DESCH
MYANMAR (bis 1989 Birma)
TAIWAN (bis 1979 Vertrag mit den USA)
Pazifischer Ozean
WEST-SAHARA
MAURETANIEN
MALI
NIGER
TSCHAD
SUDAN
Rotes Meer
DEM. VR JEMEN
JEMEN
Arabisches Meer
Golf von Bengalen
LAOS
NORD-VIETNAM
THAI-LAND
KAM-BODSCHA
SÜD-VIETNAM
PHILIPPINEN
SENEGAL
GAMBIA
BISSAU
GUINEA
BURKINA FASO
BENIN
NIGERIA
ELFEN-BEIN-KÜSTE
TOGO
RRA LEONE
LIBERIA
GHANA
ZENTRAL-AFRIK. REP.
KAMERUN
DSCHIBUTI
ÄTHIOPIEN
SOMALIA
SRI LANKA
BRUNEI
MALAYSIA
Äquator
KONGO
UGANDA
KENIA
GABUN
RUANDA
BURUNDI
ZAIRE
TANSANIA
INDONESIEN
TIMOR
PAPUA-NEUGUINEA
ANGOLA
MALAWI
SAMBIA
SIMBABWE
MADAGASKAR
MOSAMBIK
Indischer Ozean
NAMIBIA
BOTSWANA
SWASILAND
LESOTHO
SÜDAFRIKA
AUSTRALIEN
Atlantischer Ozean
Bering-meer
Ochotskisches Meer
Aleuten
Kurilen
ndesrepublik
utschland
ederlande
gien
emburg
weiz
erreich
garn
oslawien
anien (bis 1968
Warschauer Pakt)
echenland
lta
anon
ael
1 2 3 4 5 6 7 8 9 10 11 12 13 14 15 16 17 18 19 20 21 23
© Theiss Verlag/Peter Palm

Die doppelte Staatsgründung

In Deutschland trafen die Konflikte der beiden Blöcke direkt aufeinander. Schwierigkeiten gab es vor allem wegen der von der Sowjetunion geförderten politischen, wirtschaftlichen und sozialen Umgestaltung in ihrer Besatzungszone. Schrittweise wurde die politische Opposition in der SBZ ausgeschaltet. Zu diesem Prozess gehörte auch die Vereinigung von SPD und KPD zur SED im April 1946. Der Westen beobachtete diese Entwicklung. Deutlich spürbar war die Angst der Menschen im Osten Deutschlands, die nun verstärkt in den Westen flüchteten. Darüber hinaus waren sich die drei westlichen Besatzungsmächte uneins. Großbritannien favorisierte einen Zentralstaat aus allen vier Besatzungszonen, die USA bevorzugten einen föderativen Staat aus den westlichen Zonen, wohingegen Frankreichs Ziel lediglich ein geschwächtes Deutschland war.

In der Londoner Sechs-Mächte-Konferenz von Februar bis Juni 1948 wurden die drei **Frankfurter Dokumente** ausgearbeitet, die die Bedingungen für die Gründung eines westdeutschen Staates festlegten, der in das europäische Wiederaufbauprogramm mit einbezogen werden sollte. Am 1. Juli 1948 übergaben die drei Militärgouverneure der westlichen Besatzungszonen die Frankfurter Dokumente den westdeutschen Ministerpräsidenten, die auf der „Rittersturz-Konferenz" die **Gründung der Bundesrepublik Deutschland** beschlossen. Schließlich konstituierte sich am 1. September der **Parlamentarische Rat** in Bonn aus Mitgliedern der einzelnen Landtage und wurde mit der Aufgabe betraut, das Grundgesetz der Bundesrepublik zu verfassen. Auf dem Verfassungskonvent von Herrenchiemsee wurde ein Entwurf dafür vorgelegt, den alle 65 Mitglieder des Parlamentarischen Rats in zähen Verhandlungen ausgearbeitet hatten. Auf der letzten Sitzung des Plenums wurde das Grundgesetz angenommen und verkündet. Es war ursprünglich nicht als dauerhaft und nur für die westlichen Besatzungszonen gedacht. Daher verzichtete man bewusst auf die Bezeichnung „Verfassung". Mit dem Grundgesetz wurden die Rahmenbedingungen für den westdeutschen Staat geschaffen: Demokratie, Republik, Sozialstaat, Rechtsstaat und eine föderale Struktur wurden festgelegt. Darüber hinaus regelte es die Staatsorganisation und gewährte den deutschen Bürgern ihre individuellen Freiheiten. In der Präambel des Grundgesetzes wurde die Zielvorgabe der provisorischen Verfassung festgeschrieben: die Wiedervereinigung.

Als Reaktion auf die Gründung der Bundesrepublik erfolgte am 7. Oktober 1948 durch die Konstituierung des Zweiten Deutschen Volksrates der Sowjetischen Besatzungszone die **Gründung der Deutschen Demokratischen Republik (DDR)**. Die provisorische Volkskammer wurde aus dem Zweiten Deutschen Volksrat gebildet und Ost-Berlin wurde zur Hauptstadt erklärt. Zudem fanden am 11. Oktober Wahlen zur provisorischen Länderkammer statt. Beide Kammern wählten Wilhelm Pieck zum ersten und einzigen Präsidenten der DDR. Erster Ministerpräsident der DDR wurde Otto Grotewohl. Die Nationalhymne der DDR entstand aus dem Text „Auferstanden aus Ruinen" von Johannes R. Becher und wurde mit einer Melodie von Hanns Eisler unterlegt.

Die Sowjetunion, die zuvor die Gründung der Bundesrepublik mehrfach als Vertragsbruch unter den Besatzungsmächten verurteilt hatte, erkannte am 15. Oktober die DDR offiziell als Staat an und nahm diplomatische Beziehungen mit Ost-Berlin auf. In der Folge errichtete die DDR diplomatische Beziehungen mit Polen, der Tschechoslowakei, Ungarn, Rumänien, Bulgarien und China.

Aus der sowjetisch besetzten Zone entstand 1949 die Deutsche Demokratische Republik. Damit schien die Wiedervereinigung der deutschen Teilgebiete unmöglich.

Am 10. März 1952 kam es in der deutschen Frage jedoch zu einem überraschenden Angebot aus Moskau. In den sogenannten Stalin-Noten bot der sowjetische Diktator den drei Westmächten Verhandlungen über eine Wiedervereinigung von Deutschland an. Dies sollte unter der Vorraussetzung geschehen, dass Deutschland neutral und nicht in ein westliches Bündnis eingeschlossen werde. Die Westmächte sowie der erste deutsche Bundeskanzler Konrad Adenauer lehnten diesen Vorschlag Stalins mit der Begründung ab, dass der sowjetische Diktator damit nur die Westbindung der Bundesrepublik verhindern wolle. Noch heute streiten die Historiker darüber, wie ernst Stalins Vorschlag gemeint war. ■

Truman boten sich nun drei Möglichkeiten zur Reaktion: Er konnte zur Abschreckung das Atomwaffenarsenal der Amerikaner in Europa erweitern, die Anzahl der in Europa stationierten konventionellen Streitkräfte erhöhen oder den Bau einer neuen „Super-Bombe", der Wasserstoffbombe, befehlen. Sie würde die 1.000-fache Zerstörungskraft der Bombe von Hiroshima besitzen. Letztlich entschied sich Truman für alle drei Optionen und befahl die weitere Aufrüstung. Er zögerte allerdings am längsten mit dem Aufbau der konventionellen Streitkräfte, da sie den US-Haushalt schwer belasteten, der ohnehin schon mit den Kosten des Marshallplans zu kämpfen hatte. Nahezu zehn Prozent der jährlichen Staatsausgaben flossen in den Aufbau Europas.

Die zweite Front des Kalten Krieges

War bislang Europa der Hauptaustragungsort des Kalten Krieges, so bildete sich ab 1949 in Asien eine zweite Front. Am 1. Oktober 1949 verkündete ein siegreicher Mao Tse-tung die Gründung der Volksrepublik China. Sowohl Stalin als auch Truman waren über den Sieg der Kommunisten im seit einem Vierteljahrhundert dauernden Bürgerkrieg gegen die Nationalisten überrascht. In der Weltöffentlichkeit wurde aufgeregt diskutiert, ob China nun zu einem sowjetischen Satellitenstaat werden würde. Die Volksrepublik China folgte aber eher dem jugoslawischen Modell

Der Kommunismus breitete sich aus und ergriff große Teile Asiens. Vor allem die Volksrepublik China folgte zunächst dem sowjetischen Vorbild.

unter Tito. Mao hatte wie Tito die Kommunisten im eigenen Land durch einen Bürgerkrieg und ohne die Hilfe der Sowjetunion zum Sieg geführt.

US-amerikanische Beobachter atmeten zunächst auf: Der Verlust Chinas an den Kommunismus bedeutete nicht zugleich einen Gewinn für die Sowjetunion. Doch hauptsächlich aus ideologischen Gründen verkündete der vom Marxismus-Leninismus überzeugte Mao, dass sich die Volksrepublik China „mit der Sowjetunion (...) und mit den Proletariern und der Masse der Völker aller anderen Länder verbünden und eine internationale Einheitsfront bilden" werde. Für Mao stellte Stalins Diktatur ein nützliches Vorbild da. So wie der sowjetische Diktator wollte auch er regieren.

Es gibt keinen Beleg dafür, dass Stalin eine entsprechende Strategie in Asien verfolgte und mit einem Sieg der Kommunisten in China gerechnet hätte. Dennoch erkannte er in der neuen Situation in China sofort seine Chance. Er konnte Maos Erfolg für seine Zwecke nutzen und schlug einer Delegation aus Peking im Juli 1949 in Moskau vor, dass die Sowjetunion gemeinsam mit China in Asien eine zweite Front gegen den Westen aufbauen würde. China könne auf Asien den gleichen Einfluss ausüben wie die UdSSR auf Europa. Mao zeigte sich Stalins Ideen gegenüber offen und weilte Ende 1949 eine längere Zeit in Moskau. Der Besuch endete mit der Unterzeichnung eines sowjetisch-chinesischen Freundschaftsvertrages, in dem sich die beiden kommunistischen Länder gegenseitige Unterstützung im Falle eines Angriffs zusagten.

Der Korea-Krieg

Schon bald bekam der Westen die zweite Front in Asien zu spüren. Das ursprünglich von Japan besetzte Korea wurde nach Japans Kapitulation 1945 entlang des 38. Breitengrades in eine von der Sowjetunion und eine von den USA besetzte Zone aufgeteilt. Zuvor hatten die Siegermächte zwar auf der Konferenz von Jalta die Wiedervereinigung von Korea beschlossen, durch die Auseinandersetzung des Kalten Krieges kam es jedoch anders. Die UNO übernahm am 14. November 1947 das Mandat zur Wiedervereinigung des Landes, doch als die USA am 10. Juni 1948 unter der Aufsicht der UNO freie Wahlen durchführen wollten, konnten sie das nur in Südkorea tun. Die Sowjetunion verweigerte die Kooperation und setzte ihrerseits den Diktator Kim Il-sung in Nordkorea ein. Aus den freien Wahlen im Süden ging Rhee Syngman, der aus dem US-amerika-

Um das in eine nördliche und südliche Zone geteilte Korea davor zu bewahren, dass es vollständig in den Einflussbereich der UdSSR geriet, landeten dort 1951 US-Truppen.

nischen Exil nach Korea zurückgekehrt war, als Sieger hervor. Er rief am 15. August 1948 die Republik Korea aus. Dies wiederum veranlasste Kim Il-sung wenige Tage später, am 9. September 1948, die demokratische Volksrepublik Korea zu proklamieren. Nach der Gründung beider koreanischer Staaten verließen sowohl die amerikanischen, als auch die sowjetischen Truppen im Lauf des Jahres 1949 das Land.

Kim Il-sung versuchte nun, Stalin von der Notwendigkeit eines Militärschlags gegen den Süden und einer anschließenden Invasion zu überzeugen. Doch Stalin zögerte, er fürchtete die Einmischung der USA, unterstützte aber andererseits auch den Aufbau der nordkoreanischen Armee nach dem Vorbild der Roten Armee. Schließlich konnte Kim im März/April 1950 Stalin von der Notwendigkeit einer Invasion überzeugen. Die nordkoreanischen Truppen überschritten am 25. Juni 1950 den 38. Breitengrad, der bislang als Grenze zwischen Nord und Süd galt, und eroberten bis in den September 1950 hinein nahezu die gesamte koreanische Halbinsel bis auf eine kleine Region um Busan im Südosten Koreas.

Truman verlegte bereits zuvor Truppen von Japan nach Korea, doch mit der Resolution 85 des UNO-Sicherheitsrates schickten 16 Mitgliedsstaaten Truppen unter dem Oberbefehl des US-Generals Douglas MacArthur nach Korea. 90 Prozent der Soldaten kamen aus den Vereinigten Staaten. Die internationalen Truppen griffen im letzten Moment in das Kriegsgeschehen ein, kurz bevor die letzte südkoreanische Verteidigung gefallen wäre, und eroberten nun ihrerseits nahezu die gesamte koreanische Halbinsel.

Nun ergriffen die Chinesen für Nordkorea Partei, die sich von einem vereinten Korea unter US-amerikanischem Einfluss fürchteten und einen solchen Staat in ihrer Nachbarschaft nicht dulden wollten. Ihre Offensive wurde von 400.000 chinesischen und 100.000 nordkoreanischen Soldaten gestützt. Sie überrannten nun ihrerseits die 200.000 Soldaten der UNO-Streitkräfte. Doch nach einer Phase der Konsolidierung drangen die UNO-Truppen im Frühjahr 1951 wieder über den 38. Breitengrad hinaus. Von nun an erstarrte der Koreakrieg in einem Stellungskrieg. Truman entließ zudem General MacArthur, da dieser eine Ausweitung des Krieges auf China sowie den Einsatz von Atomwaffen gefordert hatte.

Beide Seiten hatten hohe Verluste erlitten und sehnten sich schließlich nach langem Verharren ohne Veränderung der Lage nach einem Waffenstillstand. Die UNO führte zeitgleich ein Bombardement Nordkoreas durch, das das Land weitestgehend verwüstete und China sowie die UdSSR unter Druck setzen sollte. Stand die amerikanische Öffentlichkeit zu Beginn des Krieges noch hinter Trumans Entscheidung, sprach sich die Mehrheit der Bevölkerung nun für einen Truppenabzug aus. Unter dem öffentlichen Druck entschied sich Truman zum Rückzug. In der letzten Phase seiner Amtszeit begannen die Friedensverhandlungen, die unter Trumans Nachfolger Dwight D. Eisenhower (Präsident von 1953 bis 1961) und mithilfe der UNO zu Ende gebracht wurden. Der Status quo vor Beginn des Krieges wurde wiederhergestellt. Mit dem Eingreifen der

Das *NSC 68* (*National Security Memorandum No. 68*) gilt als eines der bedeutendsten Schriftstücke der Vereinigten Staaten und ist eines der wenigen Schriftstücke des Nationalen Sicherheitsrates, von dem die Öffentlichkeit Kenntnis hat. Es wurde Präsident Truman am 7. April 1950 vorgelegt. Außenminister Dean Acheson und Paul Nitze, der Chef des *Policy Planning Staff*, bezogen sich auf die grundlegenden Werte der Verfassung, der Unabhängigkeitserklärung und der *Bill of Rights* und argumentierten, dass in der Auseinandersetzung mit der UdSSR nicht die Vernichtung der Vereinigten Staaten, sondern die „der Zivilisation selbst" auf dem Spiel stehe. Die amerikanische Idee der Freiheit stehe konträr zur Unterjochung anderer Länder durch die UdSSR. Dabei schied ein Präventivkrieg gegen die hoch aufgerüstete Sowjetunion aus. Vielmehr sollten die betroffenen Länder durch wirtschaftliche, militärische und politische Stärkung gegen das Vordringen des Kommunismus gestützt werden.

USA und China hatte der Krieg die Rolle eines Stellvertreterkrieges im Kalten Krieg bekommen. Die ehemaligen Alliierten des Zweiten Weltkrieges trafen in Korea das erste Mal direkt aufeinander.

Tauwetter und Eskalation, 1953–1961

Die alten Feindbilder Deutschland, Japan und der Faschismus waren passé. Die Außenpolitik der USA, die sich stets auf ein bestimmtes Feindbild richtete, bekam mit dem Kommunismus einen neuen Gegner, der fortan in der „manichäischen Falle" saß – in der sich zuvor bereits Mexiko, die Indianer, das Deutsche Reich und Japan befunden hatten – und somit als Reich des Bösen in den westlichen Ländern wahrgenommen wurde. Aus Sicht des Westens war die Welt nun in Weiß und Schwarz beziehungsweise Gut und Böse unterteilt. Die neuen Gegner der Vereinigten Staaten

Chruschtschow und Kennedy in Wien

und ihrer Verbündeten waren der Warschauer Pakt, China und allen voran die Sowjetunion.

Mit dem Krieg in Korea standen sich die Weltmächte nun auch in einem ersten Stellvertreterkrieg direkt gegenüber. Die Resultate dieses Krieges bestimmten den Rahmen für die zukünftigen Konflikte: Eine Invasion in das andere Land wurde vermieden, stattdessen trafen die Mächte in Stellvertreterkriegen in anderen Ländern aufeinander. Mit dem Einsatz von nuklearen Waffen wurde gedroht, eingesetzt wurden sie jedoch nicht – auch wenn dies vielen Zeitgenossen nicht klar war.

Red Scare: Die „McCarthy-Ära"

Doch der Kalte Krieg griff nicht nur außenpolitisch um sich, auch im Inneren der Staaten tobte er. Während Stalin die politische Opposition in seinem Einflussbereich mit Brutalität und harter Hand im Keim erstickte, mussten die demokratischen Staaten eine politische Opposition dulden. Allerdings ereilte den Westen solch eine immense Furcht vor kommunistischen Sympathisanten und Spionen, dass unter dem republikanischen, erzkonservativen Senator Joseph R. McCarthy der Rechtsstaat ohne politische Legitimation außer Kraft gesetzt wurde.

Sobald US-Präsident Truman mit der Truman-Doktrin gewissermaßen den Kalten Krieg erklärt hatte, beschworen die Vereinigten Staaten in ihrer politischen Rhetorik auch den Kampf gegen US-Bundesbürger, von denen vermutet wurde, dass sie den Ideen des Kommunismus nahestanden. Die Politik schürte ab 1948 in der Bevölkerung die Angst vor kommunistischen Elementen innerhalb der amerikanischen Gesellschaft und begann zugleich, die seit 1919 existierende kommunistische Partei der USA sowie deren Sympathisanten systematisch zu beobachten und zu verfolgen. Was zunächst wie eine Loyalitätsfrage klang, entwickelte sich schnell zu einer landesweiten Hysterie und Verleumdungswelle, die das gefährdete, was es im Westen eigentlich zu verteidigen galt: die Freiheit.

Seinen Anfang nahm die Verfolgungswelle, als Präsident Truman 1947 die Überprü-

> Der **Gulag**, was eigentlich für Hauptverwaltung der Besserungsarbeitslager steht, wurde zum Symbol der stalinistischen Unterdrückung und Gewaltherrschaft im Inneren der Sowjetunion. Der sowjetische Diktator hatte ein Repressionssystem begründet, das aus Zwangs- und Strafarbeitslagern und Gefängnissen bestand. Dorthin wurden Millionen Menschen aus der politischen Opposition gebracht, inhaftiert, gefoltert und ermordet. Die Gulag bildeten somit das Rückgrat von Stalins Gewaltherrschaft.

Die Angst, dass kommunistische Ideen und Ideale sich in der eigenen Bevölkerung verbreiten könnten, griff in den USA um sich. Vor allem der ehrgeizige Senator McCarthy führte eine gnadenlose und überzogene Kampagne gegen alles, was auch nur den Anschein erweckte, kommunistisch zu sein.

fung von drei Millionen Bundesangestellten veranlasst hatte. Von den überprüften Menschen verloren danach 3.000 ihre Anstellung. In der Folge trat nun der erzkonservative Senator aus Wisconsin, Joseph R. McCarthy, in den Vordergrund und wurde zum Synonym für eine Hetzjagd, die nicht mehr nur den sowjetischen Spionen galt, die zweifelsohne in den USA lebten. Vielmehr entwickelte der republikanische Senator ein System der Gesinnungskontrolle. Jedwedes kommunistische Element sollte aus der amerikanischen Gesellschaft verschwinden und ausgemerzt werden – auch wenn die Freiheit eines Einzelnen, womöglich Unschuldigen gefährdet wurde. McCarthy führte seinen Feldzug vor allem gegen Künstler, Intellektuelle und Staatsbeamte. Die Menschen- und Grundrechte der Personen, die der Spionage verdächtigt wurden, wurden dabei grob verletzt.

Die Situation verschärfte sich weiter, nachdem General Dwight D. Eisenhower 1953 ins Weiße Haus einzog. McCarthy stieg zu einer Art „Chef-Inquisitor" auf, der in der Funktion als Vorsitzender eines Untersuchungsausschusses Angehörige von Ministerien und Behörden auf ihre Loyalität hin prüfte. McCarthy spaltete die USA. Viele sahen durch seine Maßnahmen die eigene Freiheit und den Rechtsstaat gefährdet. Der konservative Flügel der Republikaner sowie einfache Menschen aus den ländlichen Regionen unterstützten ihn. Sie teilten darüber hinaus McCarthys Abneigung gegenüber Intellektuellen und Künstlern – und forderten zudem nach wie vor die Isolation der USA. Ihrer Meinung nach sollten sich die Vereinigten Staaten aus dem Kalten Krieg heraushalten.

Die Stimmung kippte schließlich gegen McCarthy, als er nach den Bundesbehörden nun auch Mitglieder der US-Army verdächtigte. Für die patriotischen Amerikaner ging dieser Schritt zu weit. Den Vorsitz des Untersuchungsausschusses verlor er, als 1954 seine Verhöre im Fernsehen übertragen wurden. Die amerikanische Öffentlichkeit wie die Presse konnten nun selbst Zeuge von McCarthys Methoden werden, hatten sie davon zuvor doch nur aus zweiter Hand erfahren. Zudem erhielten Opfer von McCarthy nun ein größeres Forum in den amerikanischen Medien und konnten seine Anschuldigungen, die sich häufig auf keinerlei Beweise stützten, somit öffentlich machen. Senat wie Öffentlichkeit wandten McCarthy nun den Rücken zu. Seine politische Karriere war zu Ende.

Machtwechsel in Washington

Eisenhower hatte 1948 ein Angebot der Demokraten abgelehnt, anstelle von Truman für die Präsidentschaft zu kandidieren. Eigentlich war der verdiente General kein wirklich politischer Mensch und gehörte auch keiner Partei an. So ist es auch nicht verwunderlich, dass er die Angebote beider Parteien bei den Wahlen im Jahr 1952 wieder ablehnte. Letztendlich ließ er sich aber doch von den Republikanern nominieren, nachdem sich zeigte, dass es in der Öffentlichkeit einen großen Rückhalt für seine Kandidatur gab. Den Ausschlag, für die republikanische Partei anzutreten, gab auf der einen Seite sein Glaube an das amerikanische Zwei-Parteien-System. Andererseits konnte er damit die Kandidatur des erzkonservativen Senators Robert A. Taft verhindern, der im Kalten Krieg eine Außenpolitik der Nichteinmischung betreiben wollte. Eisenhower sah darin einen großen Fehler. Eine Nichteinmischung der Vereinigten Staaten würde ein weiteres Erstarken der Sowjetunion bedeuten. Eisenhower kandidierte und konnte Taft damit innerhalb der Republikaner ausschalten.

Bei den Präsidentschaftswahlen im November 1952 gewann daraufhin zum ersten Mal seit der Amtszeit von Herbert C. Hoover (Präsident von 1925 bis 1929) ein Kandidat der Republikaner. Der hoch ausgezeichnete General des Zweiten Weltkrieges, Dwight D. Eisenhower, zog daraufhin am 20. Januar 1953 ins Weiße Haus ein.

Eisenhower gelang es, während seiner Präsidentschaft parteiübergreifend zu regieren, da er eine Politik der Mitte verfolgte. Er schaffte es, die demokratische Mehrheit im Senat in Teilen hinter sich zu bringen. Außenpolitisch setzte der neue Präsident die Linie seines Vorgängers fort und veranlasste weitere Maßnahmen der indirekten Beeinflussung sowie verdeckte Operationen in anderen Ländern. Vor allem stützte er Frankreich im Indochina-Krieg, wo die unabhängige Republik Vietnam, unterstützt von der UdSSR, gegen den ehemaligen Kolonialherrn Frankreich kämpfte. Ein demokratisches Vietnam sollte einen wichtigen stra-

Mit Dwight D. Eisenhower wurde von 1953 bis 1961 ein verdienter General des Zweiten Weltkrieges Präsident der Vereinigten Staaten.

tegischen Gegenpol zum kommunistischen China bilden. Darüber hinaus waren die südvietnamesischen Häfen von besonderer strategischer und militärischer Bedeutung für die USA.

Zu Beginn seiner Amtszeit spielte Eisenhower, vor allem zum Ende des Koreakrieges hin, noch mit dem Gedanken, alle militärisch verfügbaren Mittel gegen militärische Ziele einzusetzen. Diese Überlegungen beinhalteten auch den Einsatz von Atomwaffen. Doch während seiner achtjährigen Präsidentschaft verstand er, dass sich das Wesen des Krieges verändert hatte. Ausschlaggebend war der BRAVO-Test am 1. März 1954 im Pazifik, der die größte Explosion hervorbrachte, die jemals von Menschenhand gezündet worden war. Weltweit konnten Geigerzähler die Explosion verzeichnen. Spitzenpolitiker auf beiden Seiten reagierten daraufhin ungewöhnlich einig. Alle befürchteten, dass zehn, 100 oder gar 1.000 solcher Bomben die Menschheit zerstören würden. Eisenhower pflichtete ihnen bei, bestand aber darauf, dass sich die USA auf einen Atomkrieg vorbereiten sollte, da die USA niemals die Truppenstärke Chinas und der Sowjetunion werde erreichen können. Ein Verzicht auf den Einsatz von Atomwaffen käme mittelfristig einer Niederlage des Westens im Kalten Krieg gleich.

Der Aufstieg Chruschtschows und Entstalinisierung

Nur wenige Wochen nach dem Amtsantritt des neuen US-Präsidenten starb der sowjetische Diktator Stalin am 5. März 1953. Der Westen befürchtete, dass die internen Ränkeleien um das Erbe Stalins die Sowjetunion unberechenbar machen würde. Zunächst übernahm Georgi Maximilianowitsch Malenkow die Macht in der UdSSR. Malenkow war genau wie die anderen beiden Machthaber Lawrenti Berija und Wjatscheslaw Michailowitsch Molotow, mit denen er zusammen ein Triumvirat bildete, zur Überzeugung gekommen, dass Stalin das eigentliche Problem des Kommunismus war. Mit einem Wechsel an der Spitze konnte das Erbe des Marxismus-Leninismus vom Stalinismus befreit werden.

Nach Stalins Tod im März 1953 stieg Nikita Chruschtschow zum starken Mann im Kreml auf. Die Tauwetter-Periode, eine Annäherung beider Seiten, setzte ein – hier auf dem Titelblatt des Time Magazin dargestellt.

Doch Malenkow hielt sich nicht lange an der Macht, und in der Folgezeit konnte sich Nikita Chruschtschow immer stärker gegen seinen parteiinternen Widersacher durchsetzen und schließlich behaupten. Der neue starke Mann in der Sowjetunion war ein ungebildeter Bauer und Arbeiter, den Stalin unter seine Fittiche genommen hatte. Als er an die Macht kam, wusste er kaum etwas über die Atomwaffen, die sich jetzt unter seiner Kontrolle befanden. Chruschtschow lernte schnell und betrachtete die Situation ähnlich wie Eisenhower. Auch er hatte genug vom Zweiten Weltkrieg gesehen, um die Schrecken des Krieges zu kennen. Doch auch Chruschtschow war kein Pazifist. Er verstand die Machtposition, die er durch die Atombombe innehatte, und begriff, dass er damit andere Schwächen des Machtkreises ausgleichen konnte.

Charakterlich war er eine ganz andere Person, als der ruhige, selbstbewusste amerikanische Präsident, der seine Regierung und sein Militär unter Kontrolle hatte. Chruschtschow war ein äußerst wechselhafter Charakter, der sich nie ganz der Macht, die er zu kontrollieren versuchte, sicher sein konnte. Die politische Lage in der Nachfolge Stalins blieb weiterhin instabil.

Chruschtschow begann mit der Entstalinisierung der UdSSR. Dieser Prozess der Auflockerung und der Gewährung von größeren Freiheiten im Ostblock wird auch als Tauwetter-Periode bezeichnet. Mit Chruschtschows Geheimrede am 20. Parteitag der KPdSU im Februar 1956 erhielt die Entstalinisierung ihre Legitimation und wurde offiziell. Er kritisierte den Personenkult um Stalin und die stalinistischen Verbrechen, wie die Verfolgung und Hinrichtung Oppositioneller. Chruschtschow verurteilte zugleich auch die Methoden der Geheimpolizei und forderte mehr individuelle Freiheit für die Bevölkerung. Die Parteispitze stimmte ihm zunächst einmal aus eigennützigen Gründen zu, denn unter Stalin mussten Parteifunktionäre, wenn sie in Ungnade gefallen waren, um ihr Leben fürchten. Chruschtschow forderte weiter einen Abbau des totalen Kontrollapparates, der hohe Verwaltungskosten mit sich brachte. Während dieses Prozesses erhielt er das Image eines Reformers, der sich gegen die konservativen Kräfte innerhalb der Sowjetführung durchsetzen konnte.

Politische Gefangene, die in der Sowjetunion oder in anderen Ostblock-Staaten inhaftiert waren, wurden entlassen und teilweise rehabilitiert, genauso wie zuvor unter Stalin diffamierte Minderheiten und Ethnien. Das Tauwetter brachte zudem auch eine Abschwächung der Zensur von Kunst, Literatur und Film mit sich. Am meisten machte sich der neue Kurs aber in den anderen Staaten des Warschauer Paktes bemerkbar, wo vergleichsweise liberale Politiker, wie in Ungarn Imre Nagy, an die Macht kamen. Schließlich kam es am 15. Mai 1955 zur Genfer Gipfelkonferenz, an der zum ersten Mal alle vier Besatzungsmächte des Zweiten Weltkrieges teilnahmen. Die Verhandlungen über eine Wiedervereinigung Deutschlands blieben ergebnislos. Nach den Gesprächen ging die Sowjetführung sogar von einer permanenten Zweistaatlichkeit Deutschlands aus.

Der Aufstand vom 17. Juni 1953

Auch in der Bevölkerung der DDR hatte der Tod Stalins zu Hoffnungen auf Reformen geführt. Doch die Sowjetunion und vor allem die DDR-Führung unter Walter Ulbricht hatten etwas anderes vor. Kurz vor seinem Tod hatte Stalin dem Westen die Wiedervereinigung Deutschlands unter der Voraussetzung angeboten, dass Deutschland neutral bliebe und nicht in den Westen integriert werden sollte. Als der Westen dies ablehnte, sollte Ostdeutschland in einen proletarischen Staat verwandelt werden. Auf der 2. Parteikonferenz im Juli 1952 verkündete Walther Ulbricht den planmäßigen Aufbau des Sozialismus in der DDR nach sowjetischem Vorbild. Da die Sowjets die meisten Industrieanlagen demontiert und abtransportiert hatten, sollten die Einwohner der DDR dies durch härtere Arbeit kompensieren. Dies bedeutete auch, dass Bauern mit mehr als 100 Hektar Grundbesitz enteignet wurden, die gesamte Industrie verstaatlicht und die Planwirtschaft eingeführt wurde. Zudem wurde die Arbeitsnorm um 10,3% erhöht, was am 16. Juni 1953 10.000 De-

Nach Stalins Tod hofften die Völker Osteuropas auf einen politischen Umschwung, was zu verschiedenen Aufständen wie dem am 17. Juni 1953 in Berlin führte.

monstranten in Ost-Berlin auf die Straße brachte. Als die Regierung unter dem Druck der Massen die Rücknahme der Norm bewilligte, stellten die Demonstranten neue Forderungen wie freie Wahlen in der DDR.

Es gelang den Demonstrierenden sogar, einen Lautsprecherwagen der SED in Besitz zu nehmen. Mit diesem Wagen fuhren sie durch die Stadt und riefen zum Generalstreik am folgenden Tag, dem 17. Juni 1953, auf. Wie ein Lauffeuer verbreitete sich diese Aufforderung unter der Bevölkerung, bis schließlich auch der West-Berliner Rundfunk, der Rundfunk im amerikanischen Sektor (RIAS), davon erfuhr. Ihm wurden die Forderungen der Demonstranten überbracht: Die Löhne sollten bei der nächsten Auszahlung nach der alten Norm ausgezahlt werden, die Lebenshaltungskosten sollten gesenkt werden, freie und geheime Wahlen sollten in der DDR durchgeführt werden, letztlich sollten die Streikenden und Demonstrierenden nicht bestraft werden.

Schon in den frühen Morgenstunden des nächsten Tages waren überall Tausende Menschen auf der Straße. Von Ost-Berlin aus breitete sich der Aufstand über das gesamte Gebiet der DDR aus. Die Belegschaften streikten überall, es bildeten sich Demonstrationszüge. Bis zum Abend waren es Schätzungen zufolge zwischen 1,5 und 3 Millionen Menschen. Sie alle forderten freie und geheime Wahlen. Während der Demonstrationen besetzten sie in der gesamten DDR Kreisratsgebäude, Bürgerämter, Bezirksleitungen, Polizeireviere und Büros der Stasi, der Staatssicherheit.

Die Sowjets verhängten den Ausnahmezustand über weite Landkreise der DDR. Generalmajor Pawel Dibrowa, der Militärkommandant des sowjetischen Sektors in Berlin, verkündete den Ausnahmezustand für Berlin gegen 13 Uhr. Damit übernahm die Sowjetunion wieder die Regierungskontrolle über Ost-Berlin und die DDR. 16 sowjetische Divisionen wurden aufgefahren, 20.000 Soldaten eingesetzt. Damit verlor der Aufstand vom 17. Juni schnell an Schwung. Gegen die Militärmacht der UdSSR konnten die Demonstrierenden nichts ausrichten. Bis zum Abend war die Situation wieder weitgehend unter Kontrolle. Dennoch kam es in den nächsten Wochen immer wieder zu Protesten und Streiks. Der sowjetische Militärbefehlshaber antwortete vor allem mit einer weiträumigen Verhaftungswelle von 6.000 Aufständischen. Während der Aufstand niedergeschlagen wurde, starben 75 Menschen, wovon 55 identifiziert werden konnten.

Die drei Westalliierten griffen nicht in den Aufstand ein. Ein Eindringen in den sowjetischen Sektor wäre einer Kriegserklärung an die Sowjetunion gleichgekommen, an dem Vier-Mächte-Status Berlins sollte nicht gerüttelt werden. In den USA fürchtete man sich zudem davor, dass die UdSSR den Vorfall für eine Truppenaufstockung in Ost-Berlin nutzen würde. Dem Aufstand wurde sehr bald in einer Reihe von Möglichkeiten, wie z. B. Briefmarken, gedacht. In Berlin wurde die große Ost-West-Achse der Stadt mit dem Senatsbeschluss vom 22. Juni 1953 auf den Namen „Straße des 17. Juni“ getauft. Seit 1954 war der 17. Juni Gedenktag, ab 1963 Nationalfeiertag der Bundesrepublik Deutschland.

Der Ungarische Volksaufstand

Das Tauwetter und die Entstalinisierung ergriffen in dieser Phase den gesamten Ostblock. In Polen und Ungarn wurden die altstalinistischen Parteiführer gestürzt. Die Kommunistische Partei Polens begann, politische Gefangene freizulassen und die Altstalinisten zu entmachten. Wie zuvor in der DDR brachen nun auch in Polen Unruhen aus. Die kommunistische Partei antwortete darauf 1956 mit der Installierung von Władysław Gomułka, der zuvor den stalinistischen Säuberungen zum Opfer gefallen war und als gemäßigt galt. Zudem fand er breite Zustimmung in der polnischen Gesellschaft. Die Kommunistische Partei Polens hatte dies aber ohne die Zustimmung Chruschtschows getan, der nun wutentbrannt nach Warschau reiste. Er drohte mit dem Einmarsch sowjetischer Truppen, stimmte aber nach langen Verhandlungen der neuen Regierung zu, mit der er übereinkam, dem Sozialismus ein neues, menschliches Gesicht zu geben.

In Ungarn kam bereits 1953 der liberale Imre Nagy an die Macht. 1955 wurde er von der kommunistischen Partei allerdings wieder fallen gelassen und aus der Partei ausgeschlossen. Sein Vorgänger Mátyás Rákosi kehrte wieder an die Macht zurück. Ab dem 23. Oktober 1956 kam es schließlich in Ungarn zu einem Volksaufstand. Die Demonstranten forderten Meinungs- und Pressefreiheit sowie freie Wahlen. Zudem verlangten sie, dass der reformorientierte Nagy wieder zum Ministerpräsident erklärt werden sollte. Diese Forderung erfüllte das Zentralkomitee der Kommunistischen Partei Ungarn.

Nagy verkündete das Ende der Einparteienherrschaft und bildete eine neue Regierung. Zudem ließ er den ÁVH, die Geheimpolizei Ungarns, die am Tag zuvor noch willkürlich in eine Menge von Demonstranten geschossen hatte und dabei 100 Menschen tötete, auflösen. Schließlich verkündete er am 1. November die Neutralität Ungarns und erklärte den Austritt aus dem Warschauer Pakt.

Als Ungarischer Volksaufstand wird die bürgerlich-demokratische Revolution von 1956 in Ungarn bezeichnet, bei der sich breite gesellschaftliche Kräfte gegen die kommunistische Diktatur der Regierung und der sowjetischen Besatzungsmacht erfolglos erhoben.

In der Zwischenzeit begann die Sowjetunion, ohne Absprache mit der alten oder neuen Regierung, den Aufstand, der sich mittlerweile auf das ganze Land ausgebreitet hatte, militärisch niederzuschlagen. Chruschtschow war verzweifelt und handelte vor allem auf Drängen Mao Tsetungs. In Budapest kam es zu blutigen Straßenkämpfen. Insgesamt verloren in den Kämpfen 1.500 Rotarmisten und 20.000 Ungarn ihr Leben. Imre Nagy wurde verhaftet und 1958 hingerichtet. 100.000 Ungarn versuchten, in den Westen zu fliehen. Wie sehr sich Chruschtschow in der Krise verändert hatte, zeigt seine Aussage 1957 in der chinesischen Botschaft in Moskau: „Als Stalinist bezeichnet zu werden, kann für jeden Kommunisten nur Lob und Anerkennung sein."

Während des Aufstandes verbreitete Radio Free Europe über Ungarn die Nachricht, dass der Westen die Aufständischen militärisch unterstützen werde. Den Dokumenten des Westens zufolge, planten weder die USA noch England oder Frankreich einen Einsatz in Ungarn, die ohnehin durch die gleichzeitig stattfindende Suezkrise uneinig waren.

Die Suezkrise

Seit der Gründung des Staates Israels verschärfte sich der Konflikt mit den Palästinensern und den umliegenden arabischen Staaten zusehends. Die führenden Politiker der arabischen Welt schlugen daher einen antiisraelitischen Kurs ein, der sich auch gegen den Westen richtete. Durch das gemeinsame Feindbild rückten die arabischen Staaten zudem enger zusammen, was die panarabische Zusammenarbeit – vor allem unter der Führung des ägyptischen Politikers Gamal Abd el Nasser – stärkte. Nasser setzte sich darüber hinaus vehement für eine blockfreie Außenpolitik ein und war einer der führenden Köpfe bei der Bildung der Organisation der Blockfreien Staaten.

Trotz der Entkolonisierung wurde der Suezkanal, der von großer Bedeutung für die Öllieferungen nach Westeuropa war, weiterhin von Großbritannien und Frankreich kontrolliert. Er war gewissermaßen ein Symbol der frankobritischen Präsenz im Nahen Os-

Der Nahe Osten rückte in dieser Phase nicht zuletzt wegen des ungelösten Palästinenser-Problems zusehends in den Mittelpunkt des Interesses der internationalen Politik. Als Reaktion auf die Suezkrise verkündete daher US-Präsident Dwight D. Eisenhower am 5. Januar 1957, was als **Eisenhower-Doktrin** international bekannt wurde: Die USA werden mit allen zur Verfügung stehenden Mitteln – auch mit der Verwendung von Atomwaffen – gegen eine vom internationalen Kommunismus gestartete Aggression gegen ein Land, das sich im Nahen Osten befindet, vorgehen.

ten. Nassers Forderungen, den Kanal unter ägyptische Aufsicht zu stellen, lehnten Frankreich und Großbritannien ab. Das Suez-Abkommen zwischen den Konfliktparteien konnte vorerst einen Ausgleich schaffen. Darin verpflichtete sich Großbritannien, seine Streitkräfte innerhalb von 20 Monaten aus der Kanalzone abzuziehen. Ägypten gab im Gegenzug Großbritannien eine Garantie für die Militärstandorte, die die Briten im Kriegsfall besetzen durften, und erkannte das internationale Statut des Suezkanals an.

Nach Abzug der Truppen im Juni 1956 verkündete Nasser am 26. Juli 1956 die Verstaatlichung des Suezkanals. Mit dem Gewinn aus der Verstaatlichung wollte er den Bau des Assuan-Staudamms vorantreiben. Durch seine Absicht stellte er das internationale Statut des Kanals und das damit verbundene Durchfahrtsrecht infrage.

Frankreich und Großbritannien fühlten sich hintergangen und planten gemeinsam mit Israel im Geheimen einen kriegerischen Schlag, ohne den amerikanischen Präsidenten Eisenhower zu informieren. Unterstützt wurden sie von Israel, das sich präventiv gegen die ägyptisch-jordanischen Kriegsvorbereitungen wehren wollte. Am 29. Oktober begann der israelische Angriff auf den Gazastreifen sowie auf ägyptische Stellungen auf der Sinai-Halbinsel. Wenige Tage später begannen

Die Auseinandersetzungen im Kalten Krieg verlegten sich zusehends weg von Berlin zumeist in die sog. Dritte Welt, wie hier bei der Suezkrise vor Ägypten.

Mao Tse-tung

Mao Tse-tung wurde am 26. Dezember 1893 in Shaoshan geboren. Nach seinem Sieg im chinesischen Bürgerkrieg rief er am 1. Oktober 1949 die Volksrepublik China aus. Danach bestimmte er als Vorsitzender der Kommunistischen Partei Chinas beinahe drei Dekaden lang die Politik des Landes. Unter seiner Diktatur starben mehr als zehn Millionen Menschen infolge seiner politischen Säuberungen.

Er war ein getreuer Stalinist und hatte sich dem sowjetischen Diktator, wenn auch widerwillig, unterworfen. Als er von Stalins Tod hörte, kommentierte einer seiner Vertrauten Maos Stimmung folgendermaßen: „Ich glaube nicht, dass der Vorsitzende traurig ist." Mao hatte Stalin geachtet, den Umgang mit ihm aber als schwierig empfunden. Er sah ihn vor allen Dingen als Vorbild bezüglich der Frage, wie die kommunistische Revolution zu konsolidieren sei. Dabei fiel Mao in China gewissermaßen die Doppelrolle von Lenin und Stalin zu. Lenins Beispiel folgend vollzog Mao den Schritt von der Theorie des Marxismus hin zur kommunistischen Revolution. Da er aber im Gegensatz zu Lenin kerngesund war, fiel ihm auch die Konsolidierung seiner Revolution zu. Wo Stalin die Proletarisierung der Sowjetunion forderte, beschritt Mao andere Wege, indem er behauptete, dass Bauern auch Proletarier seien. In allen anderen Schritten folgte er dem sowjetischen Vorbild – vor allem den Maßnahmen Stalins zur Stabilisierung der Revolution und „Säuberung" der Sowjetunion. Stalins Personenkult übernahm er nach dessen Tod auch auf seine Person. Er war nun unangefochten der Führer der internationalen kommunistischen Bewegung mit der größten Erfahrung. Für Mao war es daher unverständlich, als Chruschtschow 1956 in seiner Geheimrede die Entstalinisierung forderte und den Personenkult verurteilte. Mao fühlte sich nun als letzter wahrhaftiger Revolutionär. Für Chruschtschow hatte er nicht mehr viel übrig. Daher beabsichtigte er, sein Land auf zuvor nie dagewesene Weise voranzutreiben. China sollte auf Kosten der Landwirtschaft zu einer industriellen Großmacht werden. Industrialisierung und Kollektivierung sollten miteinander verschmelzen, und die Bauern nun doch zu Proletariern erzogen werden. Diese Politik nannte er den „großen Sprung nach vorn". Damit führte er China in die größte Hungersnot seiner Geschichte, die zwischen 20 und 40 Millionen Menschen das Leben kostete. Trotz alledem überstand Mao parteiinterne Kämpfe und verlor auch in der Öffentlichkeit nicht an Ansehen, da ihr die Folgen des „großen Sprungs nach vorn" verschwiegen wurden.

Ab 1966 trieb Mao die sogenannte Große Proletarische Kulturrevolution voran, mit der er beabsichtigte, parteiinterne Widersacher, Reaktionäre und Intellektuelle zu beseitigen. Sie standen nach seiner Auffassung einer kommunistischen Bewegung im Wege. Mao verbreitete eine Hetze innerhalb der Gesellschaft und zwang so die junge Generation dazu, die ältere zu überwachen und zu denunzieren. Ganze Teile der Gesellschaft wurden gedemütigt und ermordet. Maos Kulturrevolution löste bis zu seinem Tod im Jahr 1976 einen bürgerkriegsähnlichen Zustand in China aus. Kulturgüter wie Tempel, Bibliotheken und Schulen wurden zerstört, Bücher vernichtet.

Bereits zu Lebzeiten wurde die Person Mao mystifiziert und verklärt, heute versuchen Historiker hinter diesen Mythos zu blicken und wissenschaftliche Fakten zu ermitteln. Politisch wird ihm international durchaus seine Leistung zugestanden, China aus der Abhängigkeit von den Kolonialmächten geführt zu haben. Dies geschah allerdings nur aufgrund der Ausbeutung des eigenen Staates, der spätestens in den 1970er-Jahren wirtschaftlich darniederlag und außenpolitisch isoliert war. Überschattet wird dies zudem von der grausamen Vorgehensweise gegen sein Volk und etwaige Konkurrenten. Trotzdem behält er innerhalb Chinas die Rolle des großväterlichen Staatsgründers, dessen Maßnahmen teilweise kritikwürdig sind, über die die chinesische Bevölkerung aber auch nur in Teilen aufgeklärt ist. ■

Entgegen dem Mythos des „Großen Vorsitzenden" war die Volksrepublik China während der gesamten rund 30-jährigen Herrschaft Maos ein wirtschaftlich darniederliegendes, von politischen Verfolgungen gezeichnetes und bis 1972 außenpolitisch weitgehend isoliertes Land.

Frankreich und Großbritannien mit der Bombardierung von ägyptischen Flughäfen.

Ägypten war innerhalb weniger Tage besiegt. Doch der Suezkanal musste wegen 46 versenkter Schiffe im Kanalbereich auf unabsehbare Zeit gesperrt werden. Auf Druck der USA und unter Drohungen aus der Sowjetunion mussten Großbritannien und Frankreich letztlich ihre Truppen zurückziehen. Sie hatten den Konflikt militärisch gewonnen, dennoch ging Nasser als Sieger hervor, weil die Internationalisierung des Suezkanals misslungen und das internationale Ansehen Großbritanniens und Frankreichs beschmutzt war.

Die Krise hatte zudem gezeigt, dass sowohl die Sowjetunion als auch die USA die gegnerische Einflusssphäre im Nahen Osten respektierten. Im Gegensatz zu Frankreich und Großbritannien setzten die beiden Supermächte mit ihrem Verzicht einer militärischen Operation ein Zeichen der internationalen Entspannung zwischen Ost und West. Die Sowjetunion hatte zudem Ägypten gegen den Westen den Rücken gestärkt und gewann dadurch viele Sympathien in der arabischen Welt.

Die Kubanische Revolution

Der nächste Konfliktherd im Kalten Krieg sollte ausgerechnet vor der Haustüre der Vereinigten Staaten entstehen: auf Kuba, von wo es nur 180 Kilometer bis zum amerikanischen Festland sind. Kuba galt seit dem 19. Jahrhundert immer als amerikanisches Interessengebiet und als möglicher neuer Bundesstaat. An der Insel war bereits 1898 der spanisch-amerikanische Krieg entbrannt.

1952 putschte sich der Armeechef Fulgencio Batista an die Macht, als er feststellte, dass er die kommenden Präsidentschaftswahlen verlieren würde. Daraufhin klagte ihn der junge Rechtsanwalt Fidel Castro beim Obersten Gerichtshof an. Die Klage wurde zurückgewiesen und Castro ging danach in den Widerstand, zu dessen charismatischer Führungspersönlichkeit er bald aufstieg. Im mexikanischen Exil sammelte Castro Gleichgesinnte um sich und versuchte 1956, Batista zum ersten Mal zu stürzen. Doch er musste sich mit seiner 82 Mann starken Guerillatruppe geschlagen geben und flüchtete in die Berge der Sierra Maestra. Batista schaffte es aber nicht, die revolutionäre Bewegung zu ersticken. Im Untergrund gewann sie weiter an Zulauf.

Da auf Kuba die Vorbereitung eines Umsturzes nicht möglich war, ging Fidel Castro mit 82 Guerilla-Kämpfern 1955 ins Exil nach Mexiko. Dort wurden sie von dem spanischen Bürgerkriegs-General Alberto Bayo, der gegen Francisco Franco gekämpft hatte, militärisch ausbildet.

Im Lauf des Jahres 1958 gingen Castros Rebellen in die Offensive, sodass Batista am 1. Januar 1959 in die Dominikanische Republik floh und Castro mit der Einnahme Havannas am 8. Januar die erfolgreiche Revolution verkündete.

Im Juni 1959 legte Castro eine Agrarreform vor, in deren Folge über 30 amerikanische Großkonzerne enteignet und verstaatlicht wurden. Dadurch bekam das Verhältnis zu den USA, auf deren Unterstützung Castro gehofft hatte, tiefe Risse. Die aus Castros Sicht vernünftige Maßnahme, um die Wirtschaftspolitik seines Vorgängers Batista zu beenden, wurde in den Vereinigten Staaten als Provokation verstanden. Eisenhower reagierte und reduzierte die Einfuhr kubanischen Zuckers um 95 Prozent, den kubanischen Export um 80 Prozent. Damit verlor Kuba seinen wichtigsten Handelspartner und wurde gewissermaßen förmlich in die Hände der Sowjetunion getrieben. Bereits am nächsten Tag ließ Moskau verlauten, dass es den kubanischen Zucker, der für die USA bestimmt war, aufkaufen würde. In der Folge betonte Castro seine Solidarität zum Warschauer Pakt. Und in Moskau war die politische Führungsriege von den Berufsrevolutionären Che Guevara und Fidel Castro beeindruckt.

Die USA verhängten daraufhin ein dauerhaftes Embargo gegen Kuba, das auch die Verbündeten mittrugen. Die Sowjetunion entwickelte sich zum wichtigsten Zuckerabnehmer, Kreditgeber, Öllieferanten und Handelspartner von Kuba. Damit gelang es der Sowjetunion außerdem, ihren Einfluss bis vor die Tore der USA zu erweitern, die sich dadurch direkt bedroht fühlten. Bis Ende des Jahres 1961 wurde Kuba international als Mitglied des kommunistischen Blocks angesehen.

Bereits 1960 setzte nun aus Kuba ein Flüchtlingsstrom in die USA ein. Bald überstieg die Zahl der geflüchteten Kubaner 100.000. Präsident Eisenhower beauftragte daher 1960 die CIA, Exilkubaner militärisch auszubilden und zu bewaffnen, um so auf Kuba die Konterrevolution in Bewegung zu setzen. Die CIA begann daraufhin sofort mit dem Aufbau der kubanischen Exilarmee.

Höhepunkt und Wendepunkt, 1961/62

Nach der kurzen Periode des Tauwetters Mitte der 1950er-Jahre und der lauernden Stellung, die beide Seiten in den Krisen um Suez, in Ungarn, in der DDR und in Polen einnahmen, verschlechterte sich das internationale Klima zu Beginn der 1960er zusehends.

Bereits der erste US-Präsident George Washington hatte in seinem politischen Erbe seine Nachfolger davor gewarnt, sich in europäische Ränkespiel einzumischen. 1925 beschrieb US-Präsident James Monroe den nach ihm als Monroe-Doktrin bezeichneten außenpolitischen Grundsatz „Amerika den Amerikanern“, der besagt, dass sich die europäischen Mächte aus den Angelegenheiten der westlichen Hemisphäre heraushalten sollten. Er forderte ein Ende der europäischen Kolonialisierung auf den amerikanischen Kontinenten und verkündete eine militärische Intervention der USA, sollten die europäischen Mächte diese politischen Grundsätze missbilligen und ihrerseits ihren Einfluss auf einen Teil der westlichen Hemisphäre ausbreiten.

Mit der Integration Kubas in den Ostblock war nun der von Monroe skizzierte Fall eingetroffen. Im prä-atomaren Zeitalter wären die USA wahrscheinlich unter einem Vorwand in Kuba einmarschiert und hätten somit den sowjetischen Einfluss auf einen amerikanischen Staat verhindert. Nun hatte sich die internationale Situation seither grundlegend geändert. Ein kommunistisches Kuba brachte die USA in ein Spannungsfeld. Zum einen mussten sie nun um ihre eigene Sicherheit fürchten, waren sie doch nicht mehr durch den Atlantik oder Pazifik von ihren

Feinden getrennt. Zum anderen mussten sie sich Castros Regime gefallen lassen, da ein direktes Eingreifen verheerende Folgen hätte haben können und die Welt wahrscheinlich in einen Atomkrieg gestürzt hätte.

In dieser Phase steuerte der Kalte Krieg auf seinen Höhepunkt zu: die Krisen um Kuba und den Berliner Mauerbau. Niemals zuvor und nie wieder danach war eine Eskalation der Gewalt so nah wie in dieser Phase. Beide Supermächte lagen sich lauernd gegenüber und eine direkte Konfrontation schien unvermeidbar.

Die zweite Berlinkrise, 1958–1961

Bevor der Kalte Krieg fortan mit Stellvertreterkriegen in der Dritten Welt ausgetragen wurde, rückte Berlin noch einmal in den Mittelpunkt des Konflikts. Der Vier-Mächte-Status von Berlin war Moskau ein Dorn im Auge. Dadurch, dass Großbritannien, die USA und Frankreich in West-Berlin saßen, konnte die Sowjetunion keine vollständige Kontrolle über die DDR ausüben. Viele qualifizierte Arbeitskräfte verließen über West-Berlin den Osten Deutschlands. Die DDR-Führung befürchtete ihrerseits einen Verlust an hoch qualifizierten Arbeitskräften, der die Wirtschaft der DDR bedrohen könnte. In der Folge wurde ab 1958 die deutsch-

Der Streit um den Status von Berlin spitzte sich immer mehr zu. Während der Ostblock ganz Berlin für sich wollte, beharrten die drei westlichen Besatzungsmächte auf den Vier-Mächte-Status sowie auf den Zugangskorridoren.

deutsche Grenze mit Wachtürmen und Stacheldraht versehen und sind rund um die Uhr bewacht. Die Grenze in Berlin blieb allerdings offen und konnte daher ohne wirkliche Hindernisse zur Flucht genutzt werden.

Sowohl die Sowjetunion als auch die DDR fanden diesen Zustand unerträglich. Daher richtete Chruschtschow am 27. November 1958 ein Ultimatum an den Westen. Aufgrund einer Verletzung des Potsdammer Abkommens hätten die Westmächte ihr Präsenzrecht in Berlin verloren. Deshalb würden nach Ablauf von sechs Monaten alle Aufgaben, die die sowjetischen Behörden bis dahin für die Westmächte wahrgenommen hätten, an die DDR abgegeben. Berlin würde zur freien Stadt Berlin werden, aus der sich alle alliierten Truppen zurückziehen müssten.

Für den Westen gab es jedoch keinen Verhandlungsspielraum in der Berlin-Frage. Nach wie vor war die Freiheit und Westbindung West-Berlins indiskutabel. Allerdings war die Stadt für den Westen militärisch nicht zu verteidigen. Zudem würde eine entsprechende militärische Aktion in einen allgemeinen Atomkrieg münden. Da den USA keine andere Wahl blieb, setzten sie auf das Prinzip der Abschreckung und drohten mit ihren Atomwaffen. Der Druck der USA führte letztlich zur Verwässerung des Ultimatums und zur Genfer Außenministerkonferenz der vier Siegermächte im Mai und Juli 1959, an dem auch Beobachter aus der Bundesrepublik sowie der DDR teilnahmen. Nach der Genfer Gipfelkonferenz von 1955 war dieses Treffen das nunmehr zweite aller ehemaligen Alliierten nach Kriegsende und leitete erste Schritte der Entspannung ein. Im September besuchte Chruschtschow zudem Eisenhower in den USA und kam mit ihm zu der Übereinkunft, dass die Verhandlungen über den Status von Berlin wiederaufgenommen würden und dass im darauffolgenden Jahr in Paris ein erneutes Gipfeltreffen stattfinden sollte. Die russische Drohung hatte sich in einen Dialog verwandelt.

Kaum hatte sich das Verhältnis von Ost zu West im Mai 1960 entspannt, kam es erneut zu einem Zwischenfall, der Spannungen mit sich brachte. Kurz vor dem geplanten Pariser Gipfeltreffen wurde ein amerikanisches Aufklärungsflugzeug über dem Gebiet der Sowjetunion abgeschossen. Eisenhower war für das Eindringen des Spionageflugzeuges in den russsischen Luftraum verantwortlich. Chruschtschow sah in dieser Aktion

Während der Berlinkrise benannte am 8. September 1959 Berlins Regierender Bürgermeister Willy Brandt die **vier Grundsätze der deutschen Berlin-Politik**: West-Berlin als Teil des freien Deutschlands, das Selbstbestimmungsrecht der Berliner Bürger, die Vier-Mächte-Verantwortung für Berlin sowie das Recht auf freien Zugang nach Berlin aus dem Westen.

eine eklatante Verletzung der russischen Souveränität und ließ das Pariser Treffen platzen. In der späteren Phase des Kalten Krieges waren derartige Aufklärungsflüge normal und von den Supermächten geduldet, um der anderen Seite die eigene Friedfertigkeit zu demonstrieren.

Zunächst musste die sowjetische Führung machtlos dem weiteren Flüchtlingsstrom aus der DDR nach West-Berlin zusehen. Chruschtschow verhielt sich zudem abwartend, da im Sommer und Herbst 1960 in den USA der Präsidentschaftswahlkampf tobte, den der Demokrat John F. Kennedy gewann. Am 20. Januar 1961 wurde er als Präsident vereidigt. Schon kurz nach seinem Amtsantritt erklärte er: „Die Welt muss wissen, dass wir für die Freiheit Berlins kämpfen werden, denn wir kämpfen damit um die Freiheit von New York und Paris."

Kennedy und Chruschtschow trafen sich 1961 in Wien. Doch das Treffen verlief ergebnislos. Der Oberste Sowjet wiederholte seine bereits zuvor gestellten Forderungen an die Westmächte und drohte Kennedy mit Krieg. Er stellte dem Westen ein zweites Ultimatum und hielt fest, dass ein separater Friedensvertrag zwischen der Sowjetunion und der DDR mit allen sich daraus ergebenden Konsequenzen innerhalb von sechs Monaten unterzeichnet werden würde.

Der US-Präsident formulierte in der Folge seine „three essentials", die Grundlagen der amerikanischen Berlinpolitik. Er forderte für West-Berlin die Stationierung westlicher Truppen in den Westsektoren, freien und ungehinderten Zugang für diese Truppen sowie die Erhaltung der Lebensfähigkeit der Stadt. Allerdings erkannte Kennedy damit auch die Oberhoheit der Sowjetunion über den Ostteil der Stadt an. Dies hatte zur Folge, dass die Westmächte bei sowjetischen Aktionen im Osten Berlins nicht eingreifen würden.

Hoffnung Kennedy?

Im Jahr 1961 trat John Fitzgerald Kennedy sein Amt als 35. Präsident der USA an und übernahm damit die Nachfolge Eisenhowers. Er gewann die Wahl vor allem aufgrund seines charismatischen Auftretens, seines jugendlichen Charmes und weil er sich in vier Rededuellen, die erstmals vom US-Fernsehen übertragen wurden, besser verkaufte als Nixon, der zuvor unter Eisenhower das Amt des Vizepräsidenten innehatte. Er schaffte es mithilfe der Presse, die unkritisch berichtete und eher einer Hofberichterstattung glich, dass die Nation wieder enger zusammenrückte und sich stärker mit dem Staat identifizierte. Kennedy galt schon unter Zeitgenossen als verantwortungsvoller Führer, der die gute Seite der Menschheit im Kampf gegen das Böse vertrat. Viele Hoffnungen auf eine bessere Welt verknüpften sich mit seiner Person. In seiner Antrittsrede appellierte Kennedy an den alten Pioniergeist der Amerikaner und rief die amerikanische Bevölkerung auf, „zu neuen Grenzen" – wie beispielsweise dem Weltraum – aufzubrechen. An Kennedys *new frontier* sollten die Amerikaner – wie im 19. Jahrhundert an der *frontier* (Siedlungsgrenze) – wieder die fortschrittlichste Nation der Welt werden. Kennedy proklamierte dies besonders vor dem Hintergrund, dass die Sowjetunion in den 1950er-Jahren sowohl in technischer als auch in wirtschaftlicher Hinsicht sehr große Fortschritte vorweisen konnte.

Doch auch Chruschtschow schien von Kennedys Charisma begeistert, obwohl der neue US-Präsident zur konsequenten Eindämmungspolitik gegenüber dem Kommunismus aufgerufen hatte. Der Oberste Sowjet nahm sogar den Dialog mit den Amerikanern, der durch den Abschuss des amerikanischen Aufklärungsflugzeugs über sowjetischem Gebiet zum Erliegen gekommen war, wieder auf.

Die Sympathien für den neuen Präsidenten hielten Chruschtschow jedoch von seinen Plänen nicht ab. Im Glauben, der neue US-Präsident sei eventuell zu unerfahren, verfolgte er nun konsequent ein altes Ziel der Sowjetunion: Die Westmächte sollten Berlin verlassen. Chruschtschow täuschte sich jedoch in Kennedy, der wie seine Amtsvorgänger in der Berlin-Frage hart blieb und den Westteil der Stadt auf keinen Fall der Sowjetunion überlassen hätte.

Zudem spielten in der internationalen Politik dieser Zeit die Drittweltländer eine immer bedeutendere Rolle. Um ihre Hinwendung zur Sowjetunion zu verhindern, brachten die USA eine Reihe von Entwicklungsprogrammen auf den Weg, um „den Kampf um die Demokratisierung und wirtschaftliche Entwicklung der ‚Dritten Welt' zu gewinnen". Kennedy vertrat die Ansicht, dass die aufkommenden Stellvertreterkriege ausschließlich mit konventionellen Waffen geführt werden müssten. Der Einsatz atomarer Waffen in einem Stellvertreterkrieg in der Dritten Welt kam für ihn nicht infrage. Nur so konnte seiner Ansicht nach der Kommunismus eingedämmt werden.

Die Invasion in der Schweinebucht

Die Invasion der von den USA unterstützten Exilkubaner in der Schweinebucht von Kuba wurde im Frühjahr 1961 durch Castros Truppen verhindert. Sie war schon im Vorfeld zum Scheitern verurteilt. Castro wusste Zeitpunkt und Ort der Invasion, und Präsident Kennedy brach in letzter Minute gegen den Widerstand der CIA und wohl aus Angst vor einer sowjetischen Reaktion in Berlin die Aktion ab und verweigerte den Invasoren die angekündigte Unterstützung durch die amerikanische Luftwaffe. Die Invasion scheiterte letztlich daran, dass es den Konterrevolutionären nicht gelang, die für die Landung der „Exilregierung" vorgesehene Piste lange genug zu halten. Die Exilregierung konnte nicht aus Miami eingeflogen werden und ihren „Hilferuf" an die USA funken, den diese für einen Militäreinsatz benötigt hätten. In den Kreisen um Fidel Castro wuchs in der Folgezeit die Furcht vor einer neuerlichen Invasion und sorgte so für die zunehmende Annäherung Kubas an die Sowjetunion.

Den Rückzug Kennedys sah Chruschtschow als Schwäche an, was ihn später dazu bewegte, in der Berlin-Frage noch einmal auf Konfrontation mit Kennedy zu gehen. Darüber hinaus verstand Chruschtschow, dass Kuba einen wunden Punkt in der amerikanischen Sicherheitsstrategie darstellte. Zudem war er von der rigorosen Haltung Castros und seinem Widerstand gegenüber den amerikanischen Aggressoren beeindruckt.

Mit der Unterstützung der CIA landeten in den USA ausgebildete Kubaner in der sogenannten Schweinebucht, um das Regime von Fidel Castro zu stürzen. Die Invasion markierte einen ersten Höhepunkt unter den antikubanischen Aktionen der USA.

Eine militärische Unterstützung Kubas stand für ihn außer Frage und war nicht zuletzt ein persönliches Bedürfnis.

Das Ringen um Kuba brachte einen Aspekt zum Vorschein, der bereits zuvor beispielsweise im Korea-Krieg auftrat und im weiteren Verlauf des Kalten Krieges immer wiederkehren sollte: Das internationale Verhalten der beiden Weltmächte war von teilweise polemischen Überreaktionen geprägt, sodass sich beide Staaten massiv in regionale Konflikte einmischten. Dabei stilisierten beide den jeweiligen Konflikt zu einer essenziellen Auseinandersetzung, in der es um vitale Interessen der jeweiligen Weltmacht ging. Diese Aktionen standen stets unter dem Vorzeichen des „amerikanischen Sendungsbewusstseins" beziehungsweise der „kommunistischen Weltrevolution".

Der Mauerbau

Mit der Formulierung seiner „three essentials" präsentierte Kennedy die Entschlossenheit der USA in der Berlin-Frage, allerdings war das Thema der Wiedervereinigung Deutschlands damit zunächst vom Tisch. Vor allem der Verweis auf die Tatsache, dass Berlin nicht mehr das Zentrum der amerikanischen Interessen darstellte, war ein deutliches Signal an die UdSSR, dass der Westen die Teilung Deutschlands und Berlins akzeptierte. Somit konnte die Sowjetunion in ihrem Einflussbereich verfügen, wie auch immer sie wollte.

Chruschtschow war sich bewusst, dass weiterer Druck in der Berlin-Frage nur zur Eskalation führen konnte, die er nicht beabsichtigte. Zudem beruhigte die informelle Versicherung Kennedys, die USA seien nicht an einer atomaren Bundesrepublik interessiert, Chruschtschow umso mehr. Damit hatten die Vereinigten Staaten sowohl die Initiative wie auch die Verantwortung für die weitere Entwicklung in Europa an die UdSSR abgegeben.

Parallel dazu herrschte unter der Bevölkerung der DDR – nicht erst seit dem 17. Juni 1953 – aufgrund der wirtschaftlichen und politischen Lage große Unzufriedenheit mit der Regierung. Die Zwangskollektivierung der Landwirtschaft, die Zurückdrängung des privaten Handwerks und Versorgungsschwierigkeiten mit Alltagsgegenständen und Lebensmitteln sorgten dafür, dass immer mehr Menschen der DDR den Rücken zuwendeten. Insgesamt wurden von Januar bis Anfang August 1961 rund 160.000 Flüchtlinge gezählt. Diese „Republikflüchtigen" erhöhten den Druck auf die DDR-Führung, die sich nun zum Handeln gezwungen sah.

Daher gab Chruschtschow der DDR-Führung sein Einverständnis für den Bau der Berliner Mauer. Sie sollte den Einflussbereich der Sowjetunion deutlich gegenüber dem Westen abgrenzen. Darüber hinaus sollten mit dem Mauerbau die Fluchtmöglichkeiten in Berlin ein für allemal verhindert werden. Mit der Mauer zementierte Chruschtschow gewissermaßen den Status quo in Europa. Die DDR-Regierung begründete ihre Handlungsweise mit einer angeblich in letzter Minute verhinderten Invasion der DDR durch Truppen des westlichen Bündnisses und dessen Großkapitalisten.

Der Mauerbau ist allerdings nicht als eine Verzweiflungstat der sozialistischen Staaten zu betrachten, auch wenn dies bisweilen kolportiert wird. Die militärische Stärke der Sowjetunion zwang den Westen zur Konzession. Dort sah sich die Politik nicht in der Lage, den Mauerbau zu verhindern. Bundeskanzler Adenauer erklärte erstmals nach einem Gespräch mit dem sowjetischen Botschafter Andrei Smirnow, dass die Bundesrepublik keine Schritte unternehmen würde, die ihre Beziehung zur Sowjetunion erschweren und die internationale Krise verschärfen könnte.

Die USA blieben allerdings passiv und beschränkten ihre Bemühungen lediglich auf demonstrative Gesten, da die Sowjetunion mit dem Mauerbau die „three essentials" nicht verletzt hatte. Das wertete Chruschtschow als Schwäche und fühlte sich sogleich in einer Machtposition. In den USA atmete man auf, da die Mauer dies lediglich unterstrich und die Sowjetunion weiter davon absah, die Westmächte aus West-Berlin zu verdrängen. Kennedy wollte dennoch Stärke beweisen. Er vergrößerte die US-Garnison um 1.500 Mann, die über die Autobahn nach West-Berlin einmarschierten. Kennedy wollte vor der Weltöffentlichkeit zeigen, dass die Amerikaner nach wie vor auf ihrem Zugangsrecht nach West-Berlin bestanden.

Dieses Bild ging um die Welt: Ein DDR-Grenzsoldat flüchtet durch die Absperrungen, die bald durch die Berliner Mauer ersetzt wurden.

Protokoll des Mauerbaus

Nachdem die DDR-Regierung von Chruschtschow die Erlaubnis erhielt, wurde der Mauerbau am Abend des 9. August 1961 auf dem Landsitz Walter Ulbrichts beschlossen. Die Vorbereitungen für den Mauerbau begannen bereits in der Nacht zum 10. August. Die Leitung des Vorhabens übernahm der zuständige Sekretär für Sicherheitsfragen Erich Honecker. Am 11. August billigte die DDR-Volkskammer den Mauerbau, einen Tag später unterzeichnete Walter Ulbricht die Befehle für die Sicherungsmaßnahmen an der Staatsgrenze der DDR zu West-Berlin. Die Geheimdienste des Westens hatten zu diesem Zeitpunkt bereits Hinweise auf eine Aktion der DDR, man war dennoch ahnungslos, um was es sich handelte.

Am 13. August, um 0.01 Uhr, wurde in allen Kasernen der DDR Alarm ausgelöst und scharfe Munition verteilt. Die Sicherheitskräfte sollten nach Berlin vorrücken. Der Westen bemerkte erst gegen 2 Uhr nachts, dass die Grenzübergänge verstärkt gesichert wurden. In der Zwischenzeit bezog die Ost-Armee Stellung am Brandenburger Tor, das vollständig abgeriegelt wurde. Ab 3.25 Uhr schließlich wurde die erste Nachricht im Westen über die Vorkommnisse in Berlin über Radio gesendet.

Die Politik des Westens hielt sich mit einer Reaktion zurück. Gegen Vorgänge, die auf dem Gebiet Ost-Berlins stattfanden, konnte und wollte man nicht vorgehen. Stattdessen reagierte die Bevölkerung West-Berlins. Am Mittag des 13. August zogen 3.000 Demonstranten zum Brandenburger Tor. Die West-Berliner Polizei musste eingreifen und eine Eskalation zwischen der Ost-Berliner Volkspolizei und den Demonstranten verhindern.

Bis zum 14. August schafften noch 320 Ost-Berliner die Flucht in den Westen und überwanden die Absperrungen der DDR. Gegen Mittag ließ die DDR die Telefon- und Fernschreibverbindungen zwischen Ost und West abschalten. Willy Brandt und einige Abgeordnete des Bundestages in Bonn, darunter auch Bundestagspräsident Eugen Gerstenmaier, besichtigten die Sektorengrenze.

Einen Tag später, am 15. August, protestierten die drei westlichen Stadtkommandanten auf Druck des Berliner Senats bei ihrem sowjetischen Kollegen in Ost-Berlin. Die Flucht von Ost-Berlin nach West-Berlin war mittlerweile eingedämmt. Dafür begann nun eine Abwanderungswelle aus West-Berlin in die Bundesrepublik. Viele Bewohner waren verängstigt und befürchteten ein weiteres

Vordringen der UdSSR. Am Abend des 15. August begann der eigentliche Bau der Mauer.
Am 16. August fand eine Massenprotestkundgebung am Rathaus Schöneberg statt. Willy Brandt reagierte anders als die meisten Politiker des Westens, die sich aus Angst vor einer Eskalation zurückhielten. Er bat Kennedy in einer Rede vor 300.000 Menschen auf dem Platz vor dem Schöneberger Rathaus um eine sichtbare Aktion der Amerikaner und wies auf die Verletzung des Vier-Mächte-Status der Stadt Berlin hin.
Bis zum 22. August war der 45 Kilometer lange Stacheldrahtzaun, der quer durch Berlin verlief, durch eine Mauer ersetzt. Insgesamt belief sich die Grenze zwischen West-Berlin und Ost-Berlin und zur DDR auf 166 Kilometer. Auf etwa 107 Kilometern stand eine Mauer. Die Grenzanlagen waren mit einer vier Meter hohen Betonplattenwand versehen. Dahinter, auf der Seite Ost-Berlins, verlief ein beleuchteter Kontrollstreifen, der sogenannte Todesstreifen. Auf Flüchtlinge, denen es gelang, diesen Streifen zu erreichen, wurde ohne Vorwarnung geschossen. Dahinter folgte ein Graben, der den Durchbruch von Fahrzeugen verhindern sollte, und ein Patrouillenweg mit Hundelaufanlagen, Wachtürmen und Schutzbunkern. Den Abschluss der Grenzanlagen bildete eine zweite Mauer. Insgesamt durchschnitt die Grenze 192 Straßen, von denen 97 nach Ost-Berlin und 95 in die DDR führten. ■

Die Mauer wurde auf Geheiß der SED-Führung unter Schutz und Überwachung durch Volkspolizisten und Soldaten der Nationalen Volksarmee von Bauarbeitern errichtet – entgegen den Beteuerungen des Staatsratsvorsitzenden der DDR, Walter Ulbricht, auf einer internationalen Pressekonferenz in Ost-Berlin am 15. Juni 1961, dass niemand vorhabe „eine Mauer zu bauen".

Wie knapp die Welt einer Eskalation beider Seiten entkommen ist, zeigt ein Foto, das die Situation am berühmten Berliner Grenzübergang Checkpoint Charlie am 27. und 28. Oktober 1961 deutlich dokumentiert. An diesen Tagen standen sich sowjetische und amerikanische Panzer direkt gegenüber, bereit zum militärischen Einsatz. Die Welt war damals nur noch Sekunden und Meter von einem Unglück entfernt.

Kubakrise

Der von den USA angestiftete Umsturzversuch auf Kuba durch die Exilkubaner scheiterte in der Landung in der Schweinebucht. Der neue amerikanische Präsident John F. Kennedy war zu diesem Zeitpunkt erst 90 Tage im Amt und stand bereits vor einem außenpolitischen Desaster. Darüber hinaus hatte sich das Verhältnis der beiden Supermächte USA und UdSSR aufgrund des Mauerbaus und der allgemeinen politischen Anspannung entschieden verschärft.

Zu Beginn der 1960er-Jahre zählten die Kennedy-Brüder John F. und Robert F. zu den politischen Hoffnungsträgern in den USA. John F. Kennedy wurde 1963 in Dallas ermordet, Robert F. Kennedy 1968 in Los Angeles.

Zur Eskalation um Kuba kam es im Herbst 1962, als US-amerikanische Aufklärungsflugzeuge Abschussvorrichtungen für sowjetische Atomwaffen auf der Insel entdeckten, die nur wenige Kilometer vor der US-amerikanischen Küste in der Karibik liegt. Die beabsichtigte Stationierung von Atomwaffen auf Kuba war eine Reaktion der Sowjetunion auf die Stationierung amerikanischer Atomwaffen in Italien und in der Türkei. Die Sowjets wollten die strategisch wichtige Lage ihres neuen Bündnispartners Kuba schnell für ihre Zwecke nutzen. Atomare Kurzstreckenwaffen konnten von Kuba aus jederzeit für einen sowjetischen Überraschungsangriff auf die USA verwendet werden.

Nachdem die Amerikaner durch ihre Aufklärungsflugzeuge über die Abschussstationen für

Atomwaffenraketen auf Kuba informiert waren, berief Kennedy am 16. Oktober einen Krisenstab ein, der später als *Executive Committee (ExComm)* bekannt wurde. Zu diesem Zeitpunkt wusste die Öffentlichkeit noch nichts von der möglichen Bedrohung durch sowjetische Atomwaffen. Es folgten in den nächsten Tagen Aufklärungsflüge über die Raketenstellungen. Die Luftaufnahmen bewiesen die Existenz mehrerer Raketen mit einer Reichweite von bis zu 4.500 km. Diese Raketen hätten neben der amerikanischen Hauptstadt Washington auch die wichtigsten Industriestädte der USA erreichen können. Am 22. Oktober kündigten amerikanische Tageszeitungen für den Abend eine Rede des Präsidenten von nationaler Bedeutung an. In dieser Ansprache informierte Kennedy die Öffentlichkeit und erklärte die Umstände.

Das **„rote Telefon" oder auch der „heiße Draht"** wurde nach der Kubakrise eingerichtet. Damit konnten sich die Staatsführungen der Sowjetunion sowie der USA erreichen, um eventuelle Missverständnisse aus dem Weg zu räumen, bevor diese zu einem bewaffneten Konflikt führen könnten. Dieser sogenannte heiße Draht war nach der damaligen Zeit abhörsicher geschützt, stellte allerdings nicht – wie in vielen Filmen kolportiert – eine direkte Leitung vom Weißen Haus in den Kreml dar.

Während der ganzen Krise blieb Kennedy besonnen und war auf Deeskalation bedacht. Ihm war klar, dass ein Luftangriff oder eine Invasion Kubas keine Option war, da dies einen militärischen Gegenschlag der UdSSR hervorrufen würde, der für Europa und die USA verheerende Folgen haben könnte. Kennedy entschied sich hingegen gemeinsam mit dem *ExComm*, die Sowjetunion durch eine Seeblockade zu befrieden, die ihm Zeit verschaffte und dem sowjetischen Staats- und Parteichef Chruschtschow den Rückzug offen ließ.

Am 24. Oktober 1962 trat die Blockade in Kraft, und die Welt hielt aus Angst vor einer Eskalation des Konflikts und einem Atomkrieg den Atem an. Aber auch Chruschtschow bewies seinen Willen zur Deeskalation. Die Blockade Kubas verlief erfolgreich, die Frachter der UdSSR drehten ohne offenen Konflikt ab. Da weiterhin Waffen auf Kuba stationiert waren, war die Krise damit noch nicht beendet. In der Folge tauschten Chruschtschow und Kennedy mehrere Schreiben aus, in denen sich die beiden Politiker bis zum 28. Oktober darauf einigten, dass die sowjetischen Raketen auf Kuba unter Aufsicht der UNO abgebaut werden sollten. Auf Anraten seines Bruders, des Justizministers Robert F. Kennedy, versprach John F. Kennedy Chruschtschow, Kuba nicht zu besetzen. Zudem wurden als inoffizielle Gegenleistung später die amerikanischen Jupiter-Raketen aus der Türkei entfernt.

Die Krisen um Berlin und Kuba als Wendepunkt im Kalten Krieg

Die beiden Krisen um Berlin und Kuba markierten eine Zäsur im Kalten Krieg. Danach begriffen beide Supermächte, dass eine blinde Eskalation des Kalten Krieges zu einem Atomkrieg mit verheerenden Folgen für die Menschheit führen würde. In der Folge verlegten sich daher einerseits die Schauplätze des Kalten Krieges weg von Berlin und Deutschland, andererseits kam es zu keiner direkten Konfrontation der beiden Supermächte im Stile der Kubakrise mehr. Der Kalte Krieg wurde hingegen auf die Bereiche des Globus verlagert, die noch nicht klar zwischen Ost und West aufgeteilt waren. Dort lieferten sich beide Seiten erbitterte Stellvertreterkriege. Deutschland und Berlin rückten dabei aus dem Zentrum des globalen Interesses, und die Deutschlandpolitik wurde zunehmend zu einer Angelegenheit der Deutschen selbst.

Obwohl die Rüstungsanstrengungen in der Folgezeit erheblich ausgeweitet wurden, einigten sich beide Parteien informell auf den Erhalt des Status quo in Europa und auf die Vermeidung der militärischen Konfrontation. Auch die Nichtweitergabe von Atomwaffen an Dritte festigte das Verhältnis der beiden Supermächte in der Folge. Die Verkettung der beiden Krisen zeigte, wie marginal nationale Interessen anderer Länder durch die entstehende Bipolarität wurden und wie wenig Beachtung sie bei den beiden Supermächten fanden.

Während der sogenannten Kubakrise stand die Welt am Rande eines Atomkrieges und hielt den Atem an. Als die sowjetischen Schiffe durch die amerikanische Seeblockade abdrehten, entspannte sich die Situation allmächlich.

Widerstand und Verlagerung, 1962–1972

Nach den Krisen in den frühen 1960er-Jahren kam es zu einer erneuten Entspannungsphase zwischen den beiden Großmächten. Dafür verantwortlich waren eine Reihe von Faktoren, die die Weltpolitik beherrschten: der Schock der Kubakrise, das atomare Gleichgewicht, der Rückschlag der USA in Vietnam sowie die Verschärfung des chinesisch-sowjetischen Konflikts. Wirtschaftliche Interessen waren eine weitere Triebfeder zur Einleitung der Entspannungspolitik. Während die Staaten des Warschauer Paktes den Anschluss an die technische Entwicklung und Neuerung im Westen nicht verpassen wollten, interessierte sich der Westen hauptsächlich für mögliche neue Absatzmärkte seiner Produkte im Ostblock.

In dieser Phase planten beide Supermächte, die Gefahr eines Atomkrieges herabzusetzen und die Rüstungsausgaben zu senken. Als Folge der Entspannung unterzeichneten die USA und die UdSSR 1972 das SALT-I-Abkommen und 1975 die KSZE-Schlussakte von Helsinki. Jedoch verschärften sich Konflikte in der Dritten Welt zu Stellvertreterkriegen, sodass sich amerikanische und sowjetische Soldaten bald in Asien, Afrika und Mittelamerika gegenüberstanden.

Die Entwicklung der Entspannungspolitik wurde letztlich von zwei Ereignissen gestoppt. Der NATO-Doppelbeschluss und der Einmarsch der Sowjetunion in Afghanistan verschärften den Kalten Krieg wieder und führten zu einer weiteren Aufrüstungspolitik auf beiden Seiten.

Parallel dazu entstand in den Staaten des Warschauer Paktes wie auch in den westlichen Staaten eine Protestbewegung, die ein Ende des Kalten Krieges forderte. Nationale Proteste erhielten zudem eigene Streitpunkte wie in Deutschland das Auflehnen der Jugend gegen die Elterngeneration, die noch mit den Machenschaften des Dritten Reichs verbunden waren, oder wie in den Staaten des Ostblocks, in denen die Menschen Freiheit und Bürgerrechte forderten.

Der Bruch zwischen China und der Sowjetunion

Im Jahr 1958 kam es zu einem Konflikt zwischen der Sowjetunion und China, der seinen eigentlichen Ursprung in der Mitte des 19. Jahrhunderts hatte und der auch nicht durch die gemeinsame Blockzugehörigkeit zu beheben war. Im 19. Jahrhundert betrachteten die Chinesen die

Russen als „fremde Teufel“, weil sie ihnen mit den „Ungleichen Verträgen“ große Gebiete abgenommen hatten. Mao Tse-tung, der Präsident der Volksrepublik China, äußerte daher einmal während eines Interviews, Chinas unmittelbares Interesse sei es, alle verlorenen Gebiete wiederzugewinnen.

Durch den Koreakrieg war Mao zunächst gezwungen, sich an die Sowjetunion anzulehnen. Doch ab den 1960er-Jahren kam der alte Konflikt beider Mächte wieder zum Vorschein. In dieser Zeit wies die chinesisch-sowjetische Grenze am Amur die höchste Militärkonzentration weltweit auf. Die Höhepunkte der Spannungen stellten bewaffnete Auseinandersetzungen an den Flüssen Ussuri und Amur sowie im Jahr 1969 in Sinkiang dar.

Als Folge des chinesisch-sowjetischen Konfliktes näherte sich China zunehmend den USA an, was 1972 zu einem Besuch Nixons in Peking führte. Bezogen auf die Blockzugehörigkeit bedeutete dieser Konflikt eine Spaltung des sozialistischen Lagers. China zählte nicht mehr zum Ostblock „und die Möglichkeiten kleinerer Staaten, die Rivalitäten für die Durchsetzung eigener Interessen auszunutzen, haben zugenommen“. Zudem hatte sich eine Annäherung kapitalistischer und kommunistischer Staaten als möglich erwiesen.

Der Kampf zwischen dem Sowjet-Russen Nikita Chruschtschow und dem Chinesen Mao Tsetung um den Führungsanspruch in der kommunistischen Bewegung endete mit einer Spaltung – dem Schisma des Weltkommunismus.

Chruschtschows Sturz

Mit Beginn der 1960er-Jahre begann das Ansehen Chruschtschows innerhalb der sowjetischen Führung allmählich zu sinken. Zu großspurig hatte er sich in den Jahren zuvor gezeigt und nicht nur in der Landwirtschaft den Sieg des Sozialismus angekündigt. Zunächst wurden im Mai 1960 zwei Vertraute Chruschtschows, Nikolai Beljajew und Alexei Kiritschenko, im Präsidium entmachtet. Ihre Mandate wurden ihnen entzogen. Umstritten bleibt allerdings, ob Chruschtschows Anhänger aufgrund der innerparteilichen Opposition weichen mussten, die damit Druck auf Chruschtschow ausüben wollte, oder ob er selbst seine eigenen Leute entließ, weil er mit ihren Leistungen unzufrieden war.

Darüber hinaus ergriff Chruschtschow eine für ihn verhängnisvolle Maßnahme: Im Jahr 1961 ließ er das Parteistatut dahingehend verändern, dass ein Viertel der führenden Politiker in den kommenden Jahren nicht mehr wiedergewählt werden konnte. Sein eigentliches Ziel war es, zu verhindern, dass hohe Funktionäre in ihren Ämtern bleiben würden und sich somit politisch nur noch wenig bewegen würde. Innerhalb der KPdSU erregte diese Maßnahme allerdings große Aufregung und Unmut. Viele fürchteten um ihren politischen Status und den Verlust der eigenen Macht. Nicht zuletzt führte diese Maßnahme auch dazu, dass weitere Verbündete Chruschtschows im Oktober 1961 ihre Mitgliedschaft im Präsidium verloren.

Innerhalb der Partei wurde Chruschtschow, wenn auch noch hinter vorgehaltener Hand, stark kritisiert. Sein Image war beschädigt, und er wirkte angeschlagen. Besonders kritisiert wurde seine Politik der Liberalisierung und der Entstalinisierung, die die Tauwetter-Periode bestimmt hatte, auch die Kubakrise, die gestörten Beziehungen zu China und seine Reformversuche spielten dabei eine Rolle. Hinzu kam, dass sich die Metall- und Rüstungsindustrie durch seine Abrüstungsbemühungen vernachlässigt fühlten.

Durch seine Reformen hatte Chruschtschow wichtige Anhänger im Präsidium verloren, das seine eigentliche Machtbasis darstellte. Ab 1964 rückte Leonid Breschnew, ursprünglich ein Zögling Chruschtschows, zum zweitwichtigsten Mann auf: Er löste Frol Koslow ab, der schwer erkrankt war und in den Jahren zuvor immer als möglicher Nachfolger Chruschtschows gehandelt worden war.

Schließlich lieferten Chruschtschows Annäherung an die Bundesrepublik Deutschland und sein eigenmächtiges Handeln in der Umstrukturierung der Landwirtschaft den Präsidiumsmitgliedern Michail Suslow, Leonid Breschnew, Alexei Kossygin und Anaastas Mikojan die Anlässe, ihn im Oktober 1964 als Ministerpräsident und Parteichef zu stürzen. Sie teilten nun die Macht in der Sowjetunion unter sich auf. Breschnew wurde Erster Sekretär des Zentralkomitees, Kossygin Ministerpräsident und Mikojan Vorsitzender des Präsidiums. Chruschtschow war über seinen Sturz sehr enttäuscht, wertete es aber dennoch als seine politische Leistung und als Zeichen des inneren Wandels, dass er nicht verhaftet oder gar getötet worden war, sondern in Rente geschickt wurde. Diese milde Form des Machtwechsels wäre in der stalinistischen Sowjetunion nicht denkbar gewesen. Chruschtschow zog sich auf seine Datscha bei Moskau zurück, verfasste seine Memoiren und starb am 11. September 1971 im Alter von 77 Jahren.

Der Vietnamkrieg

Nachdem sich die Situation im Nachkriegsdeutschland stabilisiert hatte, gerieten andere Weltregionen zu Schauplätzen des Kalten Krieges: die ehemaligen Kolonien. Die USA versuchten hierbei zunächst mit einer Kombination aus Wirtschaftshilfe und militärischer Unterstützung das Vordringen der Sowjetunion einzudämmen. Ebenso wollte Kennedy der Weltöffentlichkeit seine Bereitschaft demonstrieren, die Verantwortung bei der Eindämmung des Kommunismus zu tragen.

Seit dem Indochinakrieg zwischen Frankreich und Vietnam befanden sich amerikanische Truppen in Südvietnam. Kennedy wollte diesen Staat, in dem bereits 1961 rund 15.000 nordvietnamesische und chinesische Untergrundkämpfer operierten, weiterhin gegen das kommunistische Nordvietnam stützen. Er hatte nicht vor, die USA in einen Krieg zu führen, um Nordvietnam zu erobern. Er plante vielmehr, Südvietnam mit einer Mischung aus psychologischen, wirtschaftlichen und militärischen Maßnahmen zu stärken, damit es nicht an die kommunistische Seite verloren ginge.

Nach Kennedys Tod im November 1963 übernahm der bisherige Vizepräsident Lyndon B. Johnson (Präsident von 1963 bis 1969) das Präsidentenamt. Er beabsichtigte, die Politik seines Vorgängers fortzusetzen, erwies sich aber diplomatisch als nicht so besonnen wie Kennedy. Die Lage in Vietnam verschlechterte sich weiterhin und so geriet Johnson im Präsidentschaftswahlkampf von 1964 gehörig unter den Druck seines Herausforderers Barry M. Goldwater, der ein härteres Vorgehen gegen Nordvietnam forderte.

Der Krieg in Vietnam entwickelte sich für die hoch gerüsteten Amerikaner zu einem Albtraum. Trotz besserer Technik konnten die US-Marines den Kampf gegen den Vietkong und Nordvietnam nicht gewinnen.

Johnson sah sich nun zum Handeln gezwungen. Entgegen dem Wunsch der europäischen Verbündeten, die die Vietnam-Frage vor die UNO bringen wollten, hörte der amerikanische Präsident auf die Vorschläge seiner Militärberater. Schließlich lieferte ihm ein undurchsichtiger Zwischenfall im Sommer 1964, als zwei amerikanische Kriegsschiffe von nordvietnamesischer Seite bombardiert wurden, den Anlass zum Krieg. Am 7. August 1964 ermächtigte der Kongress bei nur zwei Gegenstimmen den Präsidenten, „alle Maßnahmen zur Abwehr“ zu ergreifen. Es folgten massive Luftangriffe gegen Nordvietnam und den Ho-Chi-Minh-Pfad – einem Netzwerk aus Straßen, das dem Norden zur logistischen Unterstützung diente –, die Zerstörung ganzer Dschungelregionen durch Entlaubung mittels *Agent Orange*, die Verminung von Häfen und Landstrichen und die Aufstockung der amerikanischen Truppen von 23.000 auf 500.000 Soldaten.

Die USA betrieben einen enorm hohen Kriegsaufwand und warfen zwischen 1965 und 1968 mehr Bomben über Nordvietnam ab als alle Kriegsparteien während des Zweiten Weltkrieges über Europa. Doch gelang es ihnen nicht, der Situation Herr zu werden und Vietnam zu stabilisieren. Das lag vor allem daran, dass die amerikanischen Streitkräfte nicht einer anderen Armee, sondern nordvietnamesischen Guerilla-Kämpfern gegenüberstanden, die sich im dichten Dschungel oder bei Bauern verstecken konnten. Den USA gelang es darüber hinaus ebenso wenig, den Nachschub für die Guerilla-Kämpfer aus Nordvietnam zu stoppen. Zudem blieb das von den USA gestützte Regime in Saigon weiterhin instabil.

Der Krieg am Boden war auf beiden Seiten an Grausamkeiten nicht zu überbieten. Doch Opferbereitschaft und Entschlossenheit der Nordvietnamesen sowie das Fehlen einer umfassenden Strategie der USA verhinderten, dass die Kriegsziele erfüllt werden konnten. Allerdings verminderte sich aufgrund der Spannungen zwischen Peking und Moskau auch

Frankreichs Krieg in Indochina

Der Konflikt um Vietnam ist nur zu verstehen, wenn man berücksichtigt, dass Frankreich im Jahre 1887 sein Kolonialreich Indochina aus den drei Ländern Vietnam, Laos und Kambodscha begründete. Erst im Verlauf des Zweiten Weltkriegs wurde dieser Kolonialbesitz von Japan erobert. Mit dem Ziel, die Unabhängigkeit Vietnams zu erreichen, gründete der vietnamesische Nationalist Ho Chi Minh in China eine Liga, die vor allem unter ihrer vietnamesischen Abkürzung Viet Minh bekannt war. Auch wenn der Viet Minh während der japanischen Herrschaft mit den westlichen Alliierten kollaborierte, war sein Ziel keineswegs, die französische Herrschaft wiederherzustellen, denn die Franzosen waren in Vietnam nicht mehr willkommen. Die Liga wollte die Unabhängigkeit Vietnams erreichen.

Der Vietnamkrieg in Südostasien begann bereits 1946 mit dem Widerstand der vietnamesischen Kommunisten und anderer Gruppierungen gegen die französische Kolonialmacht.

Nach dem Ende des Zweiten Weltkrieges rief Ho Chi Minh die „Demokratische Republik Vietnam" aus, was Frankreich nicht ohne Weiteres hinnehmen wollte. Frankreich behauptete, dass es sich nur auf ein Kolonialreich gestützt vom Zweiten Weltkrieg erholen könne. Im September 1945 kam es in Saigon zu ersten Aufständen gegen die französische Verwaltung, und auch die im Süden stationierten britischen Truppen, die durch französische ersetzt werden sollten, konnten die Lage nicht unter Kontrolle bringen.

Bis in den Herbst 1946 blieb die Lage angespannt, doch zum Kriegsausbruch kam es letztlich, als französische Kriegsschiffe am 8. November 1946 Haiphong bombardierten und weitere Verhandlungen über den Status von Vietnam scheiterten. Der Viet Minh forderte nun die volle Autonomie und den vollständigen Rückzug Frankreichs. Daher ließ der Viet Minh am 19. Dezember 1946 seine Truppen gegen die in Hanoi stationierte französische Garnison vorgehen. Die Franzosen wurden zunächst überrascht, konnten sich aber konsolidieren und die Angreifer wieder in die Flucht schlagen. Daraufhin gingen die Franzosen in die Offensive und besetzten den Präsidentenpalast. Der französische Kommandeur verhängte zudem das Kriegsrecht über die Region.

Frankreich war dem Viet Minh trotz seiner besseren Ausrüstung deutlich unterlegen, und beide Seiten wünschten schnell ein rasches Ende des Krieges. In der am 26. April 1954 in Genf eröffneten Indochina-Konferenz unterzeichneten beide Seiten ein Waffenstillstandsabkommen. Dieses setzte dem Krieg, der bereits acht Jahre dauerte, ein Ende. Der entscheidende Punkt des Abkommens war die provisorische Teilung Vietnams entlang des 17. Breitengrades in einen Nord- und einen Südteil. Nach spätestens zwei Jahren sollten gesamtvietnamesische Wahlen unter westlicher Kontrolle durchgeführt werden, die über das weitere Schicksal des geteilten Landes entscheiden sollten. Bis dahin wurde der nördliche Teil dem kommunistisch orientierten Viet Minh übergeben, während der Süden unter die bisher von Frankreich gestützte Regierung gestellt wurde.

Zur endgültigen Teilung Vietnams kam es aber erst, als die Regierung in Südvietnam gestürzt wurde und der neue antikommunistische Ministerpräsident Ngo Dinh Diem die Macht ergriff. Er weigerte sich, die für das Jahr 1956 angesetzten freien Wahlen durchzuführen, weil er wusste, dass die Kommunisten die Wahl gewinnen würden und somit ganz Vietnam kommunistisch werden würde. In seinem Bestreben wurde er konsequent von den USA unterstützt, die die Ausbreitung des Kommunismus verhindern wollten. 1959 geriet Diem aber in ernsthafte Schwierigkeiten, weil seine Sozial- und Wirtschaftspolitik fehlschlug. Seine Popularität erreichte ihren Tiefststand, als Diem, der der katholischen Minderheit in Vietnam angehörte, eine christliche Konvertierungskampagne durchführte. Die Spannungen in Vietnam blieben und führten schließlich Mitte der 1960er-Jahre zum Engagement der US-Amerikaner in Indochina. ■

die Angst der US-Regierung vor einem chinesisch-sowjetischen Block, der ganz Südostasien kontrollieren könnte.

Bald regte sich in den Vereinigten Staaten Widerstand gegen den Krieg in Vietnam: Aufgrund der amerikanischen Wehrpflicht kamen immer mehr junge Menschen direkt mit dem Krieg in Verbindung. Nahezu drei Millionen junger Männer dienten als Soldaten im Vietnamkrieg. Aufgebracht durch die unkritische, patriotische Berichterstattung in den Medien, bildete sich in der jüngeren Generation eine breite Opposition gegen den Krieg.

Das großflächige Versprühen von Millionen von Litern des Entlaubungsmittels Agent Orange durch US-Helikopter führte zu einer Langzeitkontamination der Vegetation und der Bevölkerung. Durch direkte oder indirekte Aufnahme der Gifte kam es zu vermehrten Krebserkrankungen, Missbildungen an Neugeborenen und anderen Schäden an Mensch und Natur.

Der Prager Frühling

Die seit 1948 unter kommunistischer Führung stehende Tschechoslowakei war von der politischen Liberalisierung der 1950er-Jahre weitgehend unberührt geblieben. Auch nach Stalins Tod und der damit verbundenen Tauwetter-Periode hielten die Führenden der Tschechoslowakei an ihrer konservativen Linie fest. Dafür verantwortlich war vor allem der amtierende Partei- und Staatschef Antonin Novotny, der sich gegen politische Reformen aussprach.

Daher kam es im Herbst 1967 zu innenpolitischen Unruhen und Studentendemonstrationen. Initiator war hauptsächlich der tschechoslowakische Schriftstellerverband. Die Unruhen übten großen Druck auf die tschechoslowakische Regierung aus, sodass Novotny am 5. Januar 1968 als Parteichef der tschechoslowakischen Kommunistischen Partei (KPČ) abgesetzt und durch den Reformpolitiker Alexander Dubček ersetzt wurde. Wenig später verlor Novotny auch das Amt des Staatspräsidenten, welches an General Ludvik Svoboda ging.

Die neue Führung sah umfassende politische Reformen unter der Parole „Sozialismus mit menschlichem Antlitz“ vor. Darin eingebettet waren Pressefreiheit und Aufhebung der Zensur, das Recht auf Versammlungsfreiheit, Demokratisierung, Abbau des Zentralismus und wirtschaftliche Reformen mit einem Abrücken von der Planwirtschaft.

Die rasche innenpolitische Liberalisierung der Tschechoslowakei stieß besonders in der Sowjetunion auf heftige Ablehnung, und auch die benachbarten Regierungen der DDR und Polens betrachteten die Entwicklung mit Sorge. Sie befürchteten ein Übergreifen der Unruhen und der damit verbundenen Liberalisierungswelle auf ihre Länder. Daher erhöhten die Mitgliedsstaaten des Warschauer Paktes den Druck auf die Tschechoslowakei, um so den Reformkurs aufzuhalten.

Doch der Reformkurs der Tschechoslowakei ließ sich nicht mehr aufhalten, hatte er doch längst an Eigendynamik gewonnen. Den Höhepunkt dieser Eigendynamik bildete das am 27. Juni 1968 veröffentlichte „Manifest der 2.000 Worte“. Dieses Manifest, welches in den darauffolgenden Wochen von über 10.000 Menschen unterschrieben wurde, griff das seit 1948 herrschende kommunistische System in der ČSSR an, verurteilte die alte Führung der kommunistischen Partei wegen Inkompetenz sowie Korruption und rief zu Boykotten, Streiks und Demonstrationen auf.

Für die Regierung bedeutete dies jedoch eine Gefährdung des angestrebten Reformkurses. Daher distanzierte sie sich von dem Manifest.

Sowjetische Panzer bei der Niederschlagung des Prager Frühlings. Dabei führten sie die Breschnew-Doktrin aus, die Alleingänge der Warschauer-Pakt-Staaten untersagte.

Auch Moskau war der Ansicht, dass die Lage in der ČSSR allmählich außer Kontrolle gerate. In einem gemeinsamen Brief an die Führung der KPČ wiesen die Sowjetunion, Polen, Bulgarien, Ungarn und die DDR darauf hin, dass die aktuelle Entwicklung in der ČSSR eine gemeinsame Angelegenheit aller kommunistischen Staaten sei. Eine Loslösung der Tschechoslowakei von der sozialistischen Gesellschaft duldeten sie nicht.

Als **Breschnew-Doktrin** bezeichnet man eine Verkündigung von Leonid Breschnew am 12. November 1968 auf dem Parteitag der Polnischen Vereinigten Arbeiterpartei. Breschnew hielt in seiner Rede fest, dass alle sozialistischen Staaten lediglich eine „beschränkte Souveränität" besäßen. Davon leitete er ab, dass die Sowjetunion das Recht zur Intervention innehabe, wenn in einem der Staaten der Sozialismus bedroht sei. Seine Hauptthese lautete: „Die Souveränität der einzelnen Staaten findet ihre Grenze an den Interessen der sozialistischen Gemeinschaft."

Die kommunistische Partei der ČSSR beteuerte zwar ihre Verbundenheit mit den kommunistischen Staaten, doch die Lage verschärfte sich zusehends. Es folgten verschiedene Konferenzen und Gespräche, doch die dem Reformkurs kritisch gegenüberstehenden Warschauer-Pakt-Staaten wollten die Liberalisierung der ČSSR unterbinden. Um ihre Macht zu demonstrieren und die Situation in der ČSSR endgültig gemäß ihrer Vorstellung zu beruhigen, marschierte die Sowjetunion in der Nacht vom 20. auf den 21. August 1968 in der Tschechoslowakei ein. Unterstützt wurde sie dabei von Einheiten der DDR, Polens, Ungarns und Bulgariens. Die tschechoslowakische Regierung verurteilte die Invasion, bei der mehr als 70 Menschen ihr Leben ließen, als einen Verstoß gegen die staatliche Souveränität der ČSSR und gegen das Völkerrecht. Gleichzeitig forderte sie aber auch die tschechoslowakische Armee und Bevölkerung dazu auf, keinen Widerstand zu leisten, um ein Blutbad zu verhindern. Die Sowjetunion antwortete mit der Breschnew-Doktorin, die besagte, dass die sozialistischen Staaten nur beschränkte Souveränität hätten.

Nach der Niederschlagung des Prager Frühlings wurden Alexander Dubček und andere Reformpolitiker nach Moskau gebracht, wo sie sich bereit erklären mussten, die Reformen in der Tschechoslowakei rückgängig zu machen, die Zensur wiedereinzuführen, die gewährten Freiheiten zurückzunehmen und der Stationierung sowjetischer Truppen zuzustimmen. Als Gegenleistung durften sie zunächst im Amt bleiben. Dies wurde ihnen allerdings nur erlaubt, weil sie das Vertrauen der Bevölkerung genossen und die Sowjetunion dadurch weitere Unruhen vermeiden wollte.

Am 14. Oktober 1968 wurde die dauerhafte Stationierung sowjetischer Streitkräfte in der Tschechoslowakei vertraglich festgehalten. Als sich die Öffentlichkeit nach einiger Zeit wieder beruhigt hatte, unterzog sich die Kommunistische Partei der ČSSR schließlich umfangreichen Säuberungsaktionen. Dabei wurde der Parteivorsitzende Alexander Dubček von Gustáv Husák abgelöst und aus der Partei ausgeschlossen. Unter der neuen Führung verfolgte die ČSSR eine Politik der „Normalisierung" gegenüber der Sowjetunion und hielt den von ihr vorgegebenen Kurs ein.

Abrüstung – SALT und KSZE

Der Vietnamkrieg hatte – wie auch die Krisen um Berlin und Kuba – gezeigt, dass die Tauwetter-Periode vorbei war. Beide Seiten rüsteten auf und lieferten sich in Indochina einen harten Stellvertreterkrieg. Daher bemühten sich beide Seiten bald um eine Begrenzung der Aufrüstung.

Der amerikanische Präsident Lyndon B. Johnson schlug daher im Januar 1967 bilaterale Gespräche zur Begrenzung der Atomwaffen vor. Die UdSSR begrüßte diesen Vorschlag und ließ sich auf entsprechende Treffen ein. In der Folge kam es am 1. November 1969 in Helsinki zu ersten Vorgesprächen über eine Begrenzung der strategischen Aufrüstung. Diese Gespräche wurden *Strategic Arms Limitation Talks*, kurz SALT, genannt. Wenige Monate später, am 16. April 1970, wurde die erste Konferenz über die Begrenzung der strategischen Rüstung (SALT) in Wien eröffnet. Nach den ersten Gesprächen waren die Fronten zunächst verhärtet. Doch nach über 130 Sitzungen, die abwechselnd in Wien und Helsinki stattfanden, kam es im Mai 1971 zu einem Durchbruch bei den Verhandlungen über die Begrenzung von Rakentenabwehrsystemen. Schließlich unterzeichneten am 26. Mai 1972 nach dem Inkrafttreten des Meeresbodenvertrages, der die Stationierung von Kernwaffen auf dem Meeresboden verbot, der neue amerikanische Präsident Richard Nixon und Leonid Breschnew in Moskau den SALT-I-Vertrag.

Der SALT-I-Vertrag verpflichtete beide Seiten, die Anzahl ihrer Raketenabwehrsysteme zu begrenzen. Dies war nötig, um das atomare Gleichgewicht zwischen den Supermächten zu gewährleisten. Hätte dagegen eine Seite ein umfassendes Abwehrsystem gegen mögliche Raketen besessen, wäre die Verlockung einen atomaren Erstschlag zu befehlen größer gewesen. Der SALT-I-Vertrag enthielt außerdem genaue Vorgaben, die die Beschränkungen der Abwehrsysteme festhielt, und ein zeitlich befristetes Abkommen über die Anzahl land- und seegestützter Interkontinentalraketen.

Der SALT-II-Vertrag wurde am 18. Juni 1979 von US-Präsident Jimmy Carter und wiederum von Leonid Breschnew unterzeichnet. In ihm wurde die Vernichtung sämtlicher Trägermittel, die die vorgeschriebene Zahl überschritt, festgelegt. Tests und Weiterentwicklung bestimmter Trägermittelkategorien wurden aber nicht verhindert. Der SALT-II-Vertrag trat jedoch nie in Kraft, da Jimmy Carters Politik im US-Senat auf heftigen Widerstand stieß. Allerdings hielten sich sowohl die Sowjetunion als auch die USA stillschweigend an die Abmachung.

Ein weiterer Fortschritt in der Entspannungspolitik war die Konferenz für Sicherheit und Zusammenarbeit in Europa (KSZE). Für das Zustandekommen dieser Konferenz hatte sich im Vorfeld vor allem die Sowjetunion eingesetzt. Schließlich fanden sich am 3. Juli 1973 Vertreter aus 35 Staaten, unter ihnen auch Abgesandte aus Kanada und den USA, in Helsinki ein. Auch hier verliefen die Verhandlungen zunächst schwierig, weshalb man auch die darauffolgenden Sitzungen zunächst ausließ und sie dann in den September des gleichen Jahres verschob. Letztlich unterzeichneten alle Vertreter der Konferenz, bis auf Albanien, am 1. August 1975 die sogenannte Schlussakte von Helsinki. Mit ihr sicherten sich die KSZE-Staaten gegenseitige Achtung vor der territorialen Integrität und der politischen Unabhängigkeit zu. Man vereinbarte

Der deutsche Bundeskanzler Helmut Schmidt und der Staatsratsvorsitzende der DDR Erich Honecker bei der Unterzeichnung der Schlussakte von Helsinki am 1. August 1975.

darüber hinaus, die Androhung oder Anwendung von Gewalt zu unterlassen. In diesem Sinne sollten auch Grenzänderungen nur noch friedlich gelöst werden. In die inneren Konflikte eines KSZE-Staates sollten die anderen Unterzeichner nicht eingreifen. Zudem versicherten die Unterzeichner, die Menschenrechte und die Grundfreiheiten in ihren Ländern zu achten. Die Staaten der NATO und des Warschauer Paktes verpflichteten sich, größere Militärmanöver mindestens drei Wochen im Voraus anzukündigen und Beobachter aller KSZE-Staaten zu den Manövern einzuladen.

Alle Teilnehmerstaaten bekannten sich zu einer allgemeinen Abrüstung der ganzen Welt unter strenger internationaler Kontrolle, um so den Weltfrieden zu erreichen, und beschlossen, in Wirtschaft, Technik, Wissenschaft, Umwelt und im humanitären Sektor enger zusammenzuarbeiten.

Die Politik wertete die Schlussakte von Helsinki als großen Erfolg. Doch vor allem im Ostblock löste sie Unruhen aus, da dort die in der Akte garantierten Menschenrechte nicht eingehalten wurden. Daraufhin entstanden in den meisten kommunistischen Ländern Bürgerrechtsbewegungen, die sich auf die Schlussakte von Helsinki beriefen. Diese Bewegungen erhielten in den Folgekonferenzen der KSZE immer mehr Rückendeckung und trugen entscheidend zum Zusammenbruch des Warschauer Paktes bei.

Das Epochenjahr 1968 – Transnationaler Wiederstand

Neben diesen Bürgerrechtsbewegungen zeichneten sich im Verlauf des letzten Jahrzehnts auch international mehrere neue Entwicklungen ab, so das Aufkommen der Jugendkultur, der Protest gegen den Vietnamkrieg und die verschiedenen Protestbewegungen für mehr Bürgerrechte in den USA, die im Epochenjahr 1968 kulminierten. Diese Protestbewegungen hatten international viel gemeinsam, besaßen aber auch immer eine nationale Komponente wie beispielsweise die Bewegung des Prager Frühlings.

Ein wesentlicher, wenn nicht der entscheidende Anstoß, der die Demonstrationen in der Bundesrepublik zu einer breiten Protestbewegung anschwellen ließ, war die tödliche Polizeikugel auf den Studenten Benno Ohnesorg am 2. Juni 1967 in West-Berlin während einer Demonstration gegen den Besuch Reza Pahlavis, den Schah von Persien. Er und seine

Für die einen schien der Krieg in Vietnam notwendig zu sein, um die Ausbreitung des Kommunismus zu verhindern, für die anderen war es ein imperialistischer Krieg der USA, der sofort gestoppt werden musste. In der gesamten westlichen Welt protestierten Jugendliche, Studenten und Pazifisten gegen den Krieg.

Gattin Soraya entzückten die deutsche Boulevardpresse als Ersatz-Monarchen, während vor allem Intellektuelle und Studenten in ihm einen Diktator und Lakaien des amerikanischen Imperialismus im Mittleren Osten erkannten. Die viel gelesene Veröffentlichung des Exil-Iraners Bahman Nirumand, aber auch Texte der späteren RAF-Terroristin Ulrike Meinhof trugen zur Aufklärung und Empörung der protestierenden Studenten bei, die größtenteils friedlich gegen diesen Staatsbesuch demonstrierten, wie zuvor schon gegen den Vietnamkrieg.

Die Berliner Bevölkerung wie auch die Politik der geteilten Stadt reagierten auf die Proteste höchst gereizt, denn in der Stadt lag seit 1961 eine besondere Situation vor: Gerade Studierende der von den Amerikanern gegründeten Freien Universität erhoben sich in der „Frontstadt des Kalten Krieges", wie sie Berlin bezeichneten, gegen die „Schutzmacht USA", die von der tonangebenden Springer-Presse völlig kritiklos unterstützt wurde. Sie stellte die Protestbewegung als „kleine radikale Minderheit" dar und bezeichnete sie nicht zuletzt als Nestbeschmutzer, die besser in die DDR auswandern sollten.

Gleichwohl verstärkten sich seinerzeit im liberalen Bürgertum die Zweifel an der Richtigkeit der Südostasienpolitik der USA, wobei der Vietnamkrieg eine entscheidende Rolle spielte. Darüber hinaus wuchs mit dem nach dem 2. Juni 1967 beginnenden Sechstagekrieg auch die Distanz zu Israel, das mit einer Siedlungspolitik in den besetzten arabischen Gebieten begann, die noch in der Gegenwart scharf kritisiert wird. Die bis dahin überwiegende Unterstützung Israels in der westlichen Welt wich einer Solidarität mit der palästinensischen Befreiungsbewegung.

Die in der dramatischen Juni-Woche des Jahres 1967 zusammenlaufenden Entwicklungsstränge führten aus dem bisherigen Ost-West-Konflikt und der Entkolonisierung heraus in neue Konfliktkonstellationen. Der „Antiamerikanismus" war das Markenzeichen der radikalen Linken. Paradoxerweise hatte die antiautoritäre Protestbewegung ihren Ursprung in den USA, wo der antiautoritäre Protest von der amerikanischen Westküste ausging und maßgeblich von Studenten der Berkeley University getragen wurde. Diese Protestkultur war Vorbild für die Bewegung in Deutschland. Dazu gehörte eine Adaptation der amerikanischen Subkultur von „Sex & Drugs & Rock 'n' Roll", eine Übernahme der Protestformen wie *sit-ins* und *teach-ins* sowie die postindustrielle und neospirituelle Grundierung des Protestes, die sich auf dem europäischen Kontinent mit der Übernahme marxistisch-leninistischer Versatzstücke durch die Studentenbewegung veränderten.

Dabei war die 1968er-Bewegung keineswegs erst der Startschuss eines rabiaten und linksintellektuellen Antiamerikanismus; ein guter Teil des antiautoritären Vietnam-Protestes resultierte aus der Enttäuschung einer ganzen Generation von Amerikanern und Amerikanisierten über den Verrat der USA an ihren eigenen freiheitlich-demokratischen Werten. Erst der autoritäre Flügel der Studentenbewegung schloss direkt an eher totalitäre Traditionsbestände oder Exzesse der Französischen und Russischen Revolutionen an und gelangte zu einer radikalen Ablehnung von liberalen, freiheitlichen und demokratischen Werten. Viele blieben dem politisch-kulturellen Antiamerikanismus treu, der „Amerika" pauschal für das hasst, was es ist und darstellt, statt einige der US-Akteure konkret für das zu kritisieren, was sie tun oder unterlassen.

Willy Brandts neue Ostpolitik

Seit 1955 hatte die Hallstein-Doktrin das Ost-West-Verhältnis in Europa deutlich verhärtet. Sie galt als das außenpolitische Prinzip der deutschen Bundesregierung und zementierte den völkerrechtlich begründeten Alleinvertretungsanspruch der Bundesrepublik für das gesamte deutsche Volk. Dies bedeutete im diplomatischen Alltag, dass die Aufnahme von diplomatischen Beziehungen eines Landes zur DDR den sofortigen Abbruch der Beziehungen mit der Bundesrepublik zur Folge hatte.

Für die Bundesrepublik blieb trotz der Grundlagenverträge die sogenannte **Deutsche Frage** offen. Ihr Ziel blieb weiterhin die Wiedervereinigung beider deutscher Staaten. Die DDR galt zwar als souveräner Staat, aber nicht als Ausland, und die einheitliche von der Bundesrepublik propagierte deutsche Staatsbürgerschaft war weiterhin maßgeblich.

Doch mit dem Bau der Berliner Mauer war klar geworden, dass Bundeskanzler Adenauer mit seinen Bestrebungen zu einer Wiedervereinigung Deutschlands gescheitert war und es de facto zwei deutsche Staaten gab. Im Zuge der Entspannung und nachdem Deutschland nach dem Mauerbau aus dem Zentrum des Kalten Krieges gewichen war, bestand für die Bundesregierung die Gefahr, dass die internationalen Großmächte über die Köpfe der Deutschen hinweg entschieden, die krampfhaft an der Hallstein-Doktrin festhielten.

Eine Änderung der Ostpolitik trat erst ab 1969 unter der Regierung des ersten sozialdemokratischen Kanzlers der Bundesrepublik, Willy Brandt, ein. Sein erklärtes Ziel war es, das eigene Verhältnis zum Ostblock wesentlich zu verbessern und mit Verträgen dauerhaft zu sichern. In der Annäherung beider deutscher Staaten sah er den Indikator für eine Entspannung des Ost-West-Konflikts. Ein Gewaltverzichtsvertrag mit der UdSSR, ein weiterer, der die Grenzanerkennung Polens beinhaltete und der Grundlagenvertrag von 1972 mit der DDR schufen zusammen mit anderen Verträgen neue Beziehungen zwischen den kommunistischen Staaten und der Bundesrepublik. Außerdem ermöglichten Brandts Verträge die gleichzeitige Aufnahme der DDR und der Bundesrepublik in die UNO. Darüber hinaus wurden die Handelsbeziehungen zwischen den beiden deutschen Staaten intensiviert. Im Grundlagenvertrag wurde auch die Einrichtung von ständigen Vertretungen beider Staaten im jeweils anderen Teil Deutschlands beschlossen. Praktisch waren die ständigen Vertreter Botschafter ihrer Regierungen. Die DDR nannte ihren ständigen Vertreter sogar Botschaft. Sie mussten sich beim Staatsoberhaupt des jeweiligen anderen deutschen Staates akkreditieren, d.h. beim Staatsratsvorsitzenden und beim Bundespräsidenten.

Die Ostpolitik Brandts stellte aber stets eine Gratwanderung zwischen Annäherung an den Osten, ohne den Westen zu verärgern, und Annäherung an den Westen, ohne den Osten zu verärgern, dar. Seine Politik war stets vom Wohlwollen der westlichen Verbündeten abhängig.

Koexistenz und neue Konfrontationen, 1973–1985

Nach einer Phase der Entspannungspolitik zwischen beiden Weltmächten in den 1970er-Jahren, folgte das Epochenjahr 1979, das zwar in keiner Weise so tief in die Gesellschaft wirkte wie die Ereignisse von 1968, das aber für die Außenpolitik von besonderer Bedeutung war und einen abermaligen Wendepunkt im Kalten Krieg markierte. In diesem Jahr tätigte die NATO ihren sogenannten Doppelbeschluss, die Sowjetunion marschierte in Afghanistan ein und im Iran erfolgte die Revolution. Die Spannungen zwischen beiden Supermächten manifestierten sich zudem in den Boykotten der Olympischen Spiele 1980 in Moskau und 1984 in Los Angeles, bei denen jeweils der Großteil der anderen Seite nicht teilnahm. Diese Vorgänge läuteten die letzte Phase der Konfrontation im Kalten Krieg ein. Da die Besetzung Afghanistans das amerikanische Interesse an den Erdölreserven im Nahen und Mittleren Osten berührte, unterstützten die USA in der Folge die afghanischen Mudschaheddin im Kampf gegen die Besatzer.

In Persien regierte ab 1963 der letzte Schah von Persien, Reza Pahlavi, der sich politisch prowestlich orientierte. Der sich immer mehr in Opposition befindliche Klerus unter der Führung des in Paris im Exil lebenden Ayatollah Khomeini fand zunehmend Anhänger in Persien, die die Politik des Shahs nicht weiter unterstützten. Der innenpolitische Druck auf den Schah erhöhte sich, sodass er in die Vereinigten Staaten flüchten musste. Am 1. Februar 1979 kehrte Khomeini aus dem Exil in Frankreich wieder nach Persien zurück, stürzte den damaligen Diktator und **gründete den Iran**. In diesem Zusammenhang wurde die amerikanische Botschaft in Teheran von Khomeinis Anhängern zwei Jahre lang belagert.

Auch das Personalkarussell drehte sich in den 1970er-Jahren vermehrt. Nach den beiden eher schwachen Präsidenten Gerald Ford (Präsident von 1973 bis 1977) und Jimmy Carter (Präsident von 1977 bis 1981) gelangte mit dem Republikaner Ronald Reagan (Präsident von 1981 bis 1989), dem ehemaligen Schauspieler und Gouverneur von Kalifornien, im Januar 1981 eine neue starke Führungsperson ins Weiße Haus. Mit ihm vollzogen die USA eine konservative Wende. Reagan selbst erklärte das Ende der krisengeschüttelten 1970er-Jahre mit der Watergate-Affäre und dem Vietnamkrieg. Mit seinem ungebrochenen Glauben an die Stärke und Moral Amerikas vertrat Reagan die konservativen Werte des rechten Parteiflügels und der Wählerschaft der „Neuen Rechten".

In dieser Phase änderte sich auch die Führung der Sowjetunion. Bereits seit 1974 hatten sowjetische Ärzte bei Breschnew eine beginnende Hirngefäßerkrankung festgestellt. Er erlitt in seinen letzten Lebensjahren daher mehrere Schlaganfälle und Herzinfarkte. Dennoch wurde er immer wieder als Generalsekretär gewählt, weil seine Parteigänger um ihre Posten bangten und sich vor weiteren Veränderungen bei einem Machtwechsel fürchteten. Breschnew verstarb schließlich am 10. November 1982. Ihm folgte Juri Andropow als Generalsekretär der KPdSU und Staatsoberhaupt der Sowjetunion nach. Doch auch Andropow war gesundheitlich geschwächt, sodass auch er nach 15-monatiger Regierungszeit, wobei er während der letzten fünf Monate kaum regierungsfähig war, am 9. Februar 1984 in Moskau verstarb. Erneut kam es in Moskau zu einem Machtwechsel. Konstantin Tschernenko übernahm die Macht in der Partei und in der Sowjetunion. Doch auch er war gesundheitlich angeschlagen. Nach 13-monatiger Amtszeit verstarb er am 10. März 1985. Sein Nachfolger wurde daraufhin Michail Gorbatschow.

Das Ende des Vietnamkrieges

Das militärische Engagement der USA in Vietnam hatte 1964 unter Präsident Lyndon B. Johnson zunächst mit Luftangriffen begonnen. Doch schon bald wurde klar, dass die amerikanischen Kriegsziele zur Eindämmung des Kommunismus und zur Stützung Südvietnams nur über einen Kampf am Boden erreicht werden konnten. Im Laufe des Krieges schickten die USA daher über eine halbe Million ihrer Soldaten in den Kampfeinsatz im vietnamesischen Dschungel. In beinahe unmöglicher Mission durchkämmten die amerikanischen Soldaten den dichten Dschungel. Dort stießen sie auf den Vietcong, die nordvietnamesische kommunistische „Nationale Befreiungsfront“, der ausgeklügelte Techniken entwickelt hatte, um dem Feind zunächst auszuweichen und ihn dann zu überraschen.

Während der dichte Dschungel für die amerikanischen Soldaten am Boden das größte Hindernis bedeutete, diente er den Nordvietnamesen als natürliche Tarnung. Daher versprühten die Amerikaner per Flugzeug die hochgiftige Chemikalie *Agent Orange*, die große Teile des Dschungels entlaubte und die Bevölkerung zum Teil so schwer vergiftete, dass gehäuft verschiedene Krebserkrankungen, Epilepsie sowie schwere Allergien auftraten.

Über eine Million nordvietnamesischer Soldaten und über zwei Millionen Zivilisten starben, und nahezu zwei Millionen Menschen erkrankten schwer und überlebten den Krieg als Behinderte. Auf amerikanischer

Der US-Präsident Richard Nixon, der den Krieg in Vietnam von seinem Vorgänger Lyndon B. Johnson „geerbt" hatte, bei einer Ansprache zur Lage in Vietnam.

Seite starben 58.000 Soldaten. Insgesamt verloren die Vereinigten Staaten nach Kriegsende über 60.000 weitere ehemalige Soldaten durch traumatisch bedingte Selbstmorde. Des Weiteren kehrten viele mit starken psychischen Problemen in ihre Heimat zurück. Schätzungsweise waren etwa zehn Prozent der GIs heroinabhängig.

Trotz der hohen Verluste hielten die Nordvietnamesen den Angriffen der Amerikaner nicht nur Stand, sondern gingen sogar in die Offensive. Die sogenannte Tet-Offensive Ende Januar 1968 wurde zu einer schmerzlichen Niederlage für die Vereinigten Staaten. Danach verurteilten etwa 60 Prozent der Amerikaner den Krieg in Vietnam nun als unmoralisch.

Als der Republikaner Richard Nixon 1969 Lyndon B. Johnson ins Weiße Haus folgte, „erbte" er gewissermaßen das Problem des Vietnamkrieges. Seit 1967 analysierten die Militärberater der USA, dass der Krieg in Vietnam nicht zu gewinnen sei. Daher und aufgrund der öffentlichen Meinung beschloss der neue Präsident den stufenweisen Truppenabzug. Dennoch versuchte Nixon mit zahlreichen abschließenden Bombardements vor allem an Weihnachten 1972, den Gegner weiter zu zermürben.

Ab 1972 ließ Präsident Nixon die Truppenstärke reduzieren. Außenminister Henry Kissinger handelte im Januar 1973 mit Nordvietnam schließlich einen Waffenstillstand aus. Ab dem 23. März erfolgte schließlich der Truppenabzug der Amerikaner. Kissinger schätzte, dass dem südvietnamesischen Regime in Saigon nach dem Truppenabzug der Amerikaner noch eineinhalb Jahre blieben, bevor die Kommunisten die Stadt erobern und das Regime zerschlagen würden. Er behielt recht. Am 30. April 1975 erklärte der südvietnamesische Staatspräsident Duong Van Minh in Saigon seine Kapitulation. Hunderttausende Vietnamesen flüchteten aus dem Land. Am 2. September 1976 wurde die wiedervereinigte Sozialistische Republik Vietnam gegründet und Saigon in Ho-Chi-Minh-Stadt umbenannt.

Intervention in Chile

Seit den 1960er-Jahren hatte sich Chile tief greifende soziale und ökonomische Reformen vorgenommen und beispielsweise die Kupferminen verstaatlicht, die wirtschaftlich von großer Bedeutung für das Land waren. Im Jahr 1970 wurde schließlich der Sozialist Salvador Allende mit der Unterstützung des Linksbündnisses Unidad Popular ins Präsidentenamt gewählt.

Allende führte und vertiefte die Verstaatlichung. Nun wurden die Kupferminen vollständig verstaatlicht, eine umfassende Reform der Landwirtschaft durchgeführt und Banken sowie Industriebetriebe teilweise dem Staat unterstellt. Außerdem enteignete die Regierung Allendes US-amerikanischen Besitz. Der vierwöchige Besuch von Kubas Präsident Fidel Castro Ende 1971 verstärkte zudem international den Eindruck, dass Chile wie zuvor Kuba der sozialistischen Planwirtschaft folgte.

Der chilenische Präsident Salvador Allende mit Fidel Castro. Allendes Präsidentschaft war der Versuch, auf demokratischem Wege eine sozialistische Gesellschaft in Chile zu etablieren. Allende wurde durch einen Militärputsch am 11. September 1973 gestürzt.

In den westlichen Staaten regte sich Widerstand gegen die Entwicklung Chiles. Die Vereinigten Staaten weigerten sich, den enteigneten Bergbau weiterhin wie gewohnt mit Ersatzteilen zu unterstützen. Aber auch innenpolitisch kam es zu Unruhen und Demonstrationen von Gegnern der Politik Allendes. Ihre Boykottmaßnahmen und Sabotageakte führten schließlich zu wirtschaftlichen Problemen des Landes. Die für Chile wichtigen Erträge aus dem Kupferexport sanken bedenklich, woraufhin Allende den Staatshaushalt durch das Drucken von Geld sanieren wollte, was zur Inflation führte.

Die **letzte Rede von Salvador Allende** am Morgen des 11. September 1973: „Mit Sicherheit ist dies die letzte Gelegenheit, mich an Sie zu wenden. ... Mir bleibt nichts anderes, als den Arbeitern zu sagen: Ich werde nicht aufgeben! In diesem historischen Moment werde ich die Treue zum Volk mit meinem Leben bezahlen. ... Sie haben die Macht, sie können uns überwältigen, aber sie können die gesellschaftlichen Prozesse nicht durch Verbrechen und nicht durch Gewalt aufhalten. Die Geschichte gehört uns und sie wird durch die Völker geschrieben. Arbeiter meiner Heimat: Ich möchte Ihnen für Ihre Treue danken. ... Es lebe Chile! Es lebe das Volk! Es leben die Arbeiter! Dies sind meine letzten Worte und ich bin sicher, dass mein Opfer nicht umsonst sein wird, ich bin sicher, dass es wenigstens ein symbolisches Zeichen ist gegen den Betrug, die Feigheit und den Verrat."

Die Bevölkerung war gespalten, und die Proteste von Allendes Gegnern nahmen zu. Das Bürgertum fürchtete sich zudem vor weiteren Enteignungen. Zunächst sollte die Berufung von General Carlos Prat zum Innenminister die Proteste mindern. Doch das Militär verweigerte Prat den Gehorsam, woraufhin im August 1973 Augusto Pinochet zum neuen Generalstabschef ernannt wurde. Pinochet hatte ausgezeichnete Kontakte zu den USA und vor allem zum amerikanischen Geheimdienst aus seiner Zeit als Militärattaché in den Vereinigten Staaten. Die CIA wiederum unterstützte das Vorhaben Pinochets, Allende mit einer Militärjunta zu stürzen und dem Sozialismus in Chile ein Ende zu bereiten.

Am 11. September 1973 putschten die Luftwaffe und Teile der Armee unter der Führung von Pinochet. Sie blockierten die Verkehrswege sowie die Kommunikation von der Hauptstadt Santiago de Chile zu den bedeutenden Hafenstädten Viña del Mar und Valparaíso. In den frühen Morgenstunden bombardierten sie den Präsidentenpalast und erstürmten ihn am Nachmittag. Während der mehrstündigen Kämpfe hielt Allende noch eine letzte Radioansprache an sein Volk.

Nach kurzem Gefecht ordnete Allende schließlich die Kapitulation seiner Truppen an. Es bleibt nach wie vor umstritten, ob Allende Selbstmord beging oder von den Soldaten Pinochets erschossen wurde. Während eine Autopsie nach Ende der Militärdiktatur 1990 die Selbstmordthese bestätigte, warf eine 2006 erschienene Studie erneut Zweifel daran auf. Allendes Anhänger glaubten aber bereits 1973, dass er ermordet wurde.

Überall wurden die Büros derjenigen Parteien, die an Allendes Regierung beteiligt waren, vom Militär besetzt und die Anwesenden verhaftet. Darüber hinaus verschwanden bei den Säuberungsmaßnahmen von Pinochet viele Menschen spurlos. Das Fußballstadion und andere größere Bauwerke wurden in Konzentrationslager verwandelt, in denen

über 3.000 Menschen getötet wurden. Beinahe 40.000 Anhänger Allendes wurden inhaftiert. Eine halbe Million Chilenen flüchtete ins Ausland, Hunderte von ihnen in die DDR.

Die Rolle der USA und besonders die der CIA während des Putsches in Chile blieben lange Zeit umstritten. US-Außenminister Henry Kissinger erklärte, dass der Putsch von Pinochet selbst durchgeführt wurde. Die USA hätten lediglich die größtmöglichen Rahmenbedingungen dafür geschaffen. Auch US-Präsident Gerald Ford bestätigte die finanzielle Unterstützung von Allendes Gegner durch den CIA in den Jahren 1970 bis 1974. Allerdings ist es unumstritten, dass der CIA den Sturz Allendes seit 1970 angestrebt hatte.

Eine Militärjunta unter der Führung von Augusto Pinochet begann am frühen Morgen, den Präsidentenpalast in Chile zu bombardieren, und riss so die Macht an sich. Der Putsch wurde von den USA politisch und finanziell unterstützt.

Erdöl – Die Waffe der Dritten Welt

Schon immer war die Kontrolle von Bodenschätzen von großer Bedeutung und spielte eine wichtige Rolle bei der Ausrichtung von geopolitischen Strategien. Im Laufe des Kalten Krieges erlangte die Kontrolle von Energie- und Rohstofflagern, besonders von Erdöl eine entscheidende Bedeutung, da sich einerseits der weltweite Verbrauch von Erdöl um ein Vielfaches erhöhte und andererseits die Begrenztheit der Ressourcen deutlich wurde.

Die Ölkrise von 1973 machte dem Westen schlagartig deutlich, dass die Öl produzierenden Länder der Dritten Welt durchaus in der Lage waren, die Wirtschaft des Westens zu beeinflussen oder gar zu schädigen. Immerhin deckten die Lieferungen der Öl produzierenden Länder 80 Prozent des europäischen und 50 Prozent des amerikanischen Verbrauchs ab. Dies führte zu einer brisanten Abhängigkeit.

Eine außenpolitische Linie der Vereinigten Staaten im Kalten Krieg war daher der kontinuierliche Verweis auf die Notwendigkeit des Westens, Zugang zu den Erdölvorkommen im Persischen Golf zu haben. Noch deutlicher wurde dies im Jahr 1979 nach dem Sturz des Schahs von Persien, als der US-Präsident Jimmy Carter die Militärbasen im Mittleren Osten und im Indischen Ozean verstärkte. Carter baute eine mobile Eingreiftruppe auf und kündigte im Januar 1980 in der sogenannten Carter-Doktrin die vitalen Interessen der Vereinigten Staaten im Persischen Golf an. Die Carter-Doktrin besagte, dass ein Versuch einer auswärtigen Macht, die Erdölversorgung des Westens einzuschränken, als direkter Angriff auf die lebenswichtigen Interessen der USA betrachtet und mit einem militärischen Gegenschlag beantwortet werden würde.

Die Hilflosigkeit von Präsident Carter zeigte sich vor allem ab dem 4. November 1979 in der **Besetzung der amerikanischen Botschaft in Teheran** nach der Ausrufung der Islamischen Republik im Iran. Über 50 Botschaftsmitglieder wurden bis zum Januar 1981, bis zum Amtsantritt Reagans, festgehalten. Um die Bedeutung dieser Weltregion für die geopolitische Strategie der USA zu unterstreichen, verkündete Carter daher am 23. Januar 1980 die sogenannte Carter-Doktrin.

Für die Staaten der Dritten Welt, die über ergiebige Erdölfelder verfügten, war die Vergabe von Lizenzen zur Ölförderung an ausländische Gesellschaften gleich welcher Blockzugehörigkeit eine sehr ambivalente Angelegenheit. Einerseits profitierten sie wirtschaftlich von den „Petrodollars“, andererseits begaben sie sich in die Abhängigkeit der beiden Blöcke. Auch wurde die innere Entwicklung dieser Staaten, die größtenteils autokratisch-diktatorisch geführt wurden, langfristig behindert, da die Staatsführer durch die Ölverkäufe sehr reich wurden.

Die Öl produzierenden Länder schlossen sich zwar zu transnationalen Organisationen wie der OAPEC (Organisation der arabischen Erdöl exportierenden Staaten, gegründet 1968 in Beirut) und der OPEC (Organisation Erdöl exportierender Länder, gegründet 1960 in Bagdad) zusammen, dennoch blieben sie untereinander uneins, sodass sie es versäumten, im Zeitalter des Kalten Krieges gezielt auf eine der beiden Weltmächte Druck auszuüben. Auch die Gründung der OAPEC, in der viele, aber nicht alle Mitglieder der OPEC vertreten waren, zeigte diese Uneinigkeit.

Der Afghanistan-Krieg

Fast zeitgleich zum NATO-Doppelbeschluss marschierten am 27. Dezember 1979 sowjetische Truppen in die afghanische Hauptstadt Kabul ein. Das Klima zwischen den beiden Supermächten war zu diesem Zeitpunkt bereits weitgehend zerstört. US-Präsident Carter sah seine Abrüstungsbemühungen nun endgültig gescheitert. Er fühlte sich zudem persönlich von der Sowjetführung hintergangen, mit der er am 18. Juni 1979 in Wien noch den SALT-II-Vertrag unterschrieben hatte. Im amerikanischen Kon-

Die Friedensbewegung

Die geplante Wiederbewaffnung der Bundeswehr Ende der 1950er-Jahre führte in der Bundesrepublik Deutschland zu einer Welle der Entrüstung, die sich im Laufe der folgenden Jahrzehnte zu einer breiten, gesellschaftlichen Bewegung ausweitete, die öffentlich für den Frieden eintrat.

Der Beginn der deutschen Friedensbewegung kann auf den 12. April 1957 datiert werden, als sich 14 anerkannte deutsche Wissenschaftler in der sogenannten Göttinger Erklärung gegen die Wiederbewaffnung der Bundeswehr sowie gegen die Stationierung von Atomwaffen auf deutschem Boden aussprachen. Ein Jahr später bildete sich auf Initiative der SPD, des DGB sowie mehrerer kirchlicher Gruppen der Ausschuss „Kampf dem Atomtod", der eine Reihe von Demonstrationen und Kundgebungen gegen die atomare Bewaffnung organisierte.

Seit dem Kriegseintritt der USA in den Vietnamkrieg 1963 schälte sich in den USA eine Protestbewegung gegen den Krieg heraus, die sich mit der Bombardierung Nordvietnams noch vergrößerte und auch in Westeuropa ihr Echo fand. Die internationalen Proteste gegen den Vietnamkrieg verbanden auch die Studentenbewegungen über die Landesgrenzen hinaus miteinander. In dieser Bewegung fielen jedoch verschiedene gesellschaftliche und soziale Phänomene zusammen. In den USA spielten neben dem Vietnamkrieg die Hippie-Kultur und die Bürgerrechtsbewegung eine entscheidende Rolle. In Deutschland wie in Frankreich hatte der Protest aber auch eine eigene, nationale Komponente. Einig waren sich alle Gegner des Vietnamkrieges, dass das Engagement der USA in Indochina ein imperialistischer Angriffskrieg sei und die Aktionen des Vietcong legitime Notwehr seien.

In Deutschland rief die besondere Situation, dass die Bundesrepublik von 1966 bis 1969 von einer Großen Koalition regiert wurde, die Initiative der Außerparlamentarischen Opposition (APO) hervor. Auch ihr Protest richtete sich gegen den Vietnamkrieg, genauso wie der des Sozialistischen Deutschen Studentenbundes (SDS), der unter der Leitung von Rudi Dutschke 1967 in West-Berlin den Vietnamkongress an der FU Berlin veranstaltete. Vor dem Hintergrund dieser Proteste nahm auch die Zahl der Kriegsdienstverweigerer in der Bundesrepublik zu.

Die Bewegung wandelte sich Ende der 1970er-Jahre und erhielt zudem durch die Entwicklung der Neutronenbombe, die die Fähigkeit besaß, Leben zu vernichten, aber Bauwerke und Material zu schonen, durch den NATO-Doppelbeschluss sowie durch den Einmarsch der Sowjetunion in Afghanistan neuen Nährstoff. Es entstand eine neue, breitere und vielschichtigere Friedensbewegung in Westeuropa und Nordamerika, die auch in den Ostblock ausstrahlte. In Deutschland führte der NATO-Doppelbeschluss vor allem dazu, dass sich Teile von der regierenden SPD abspalteten, die in Bundeskanzler Helmut Schmidt den Verantwortlichen für die neuerliche Aufrüstung sahen.

Weltweit formierte sich der Protest gegen die Politik des Kalten Krieges, gegen die einzelnen Stellvertreterkriege sowie gegen den Einsatz von Atomwaffen. Vor allem friedliche Aktionen wie die der Menschenkette gaben der Friedensbewegung ihr Gesicht.

Die Friedensbewegung kritisierte, dass die amerikanischen Mittelstreckenwaffen jederzeit in der Lage waren, die sowjetische Hauptstadt ohne Vorwarnzeit zu treffen. Viele hatten Angst davor, die USA könnten einen Atomkrieg auf Europa beschränken und ihr eigenes Territorium aussparen. Ausgehend von der ersten großen Friedensdemonstration anlässlich des Deutschen Evangelischen Kirchentages 1981 in Hamburg, demonstrierten bald überall in Deutschland und Europa Menschen gegen die Atomwaffen. In vielen großen Städten kam es in den darauffolgenden Jahren immer wieder zu Massendemonstrationen. Hinzu kamen gewaltfreie Aktionen wie Sitzblockaden und Menschenketten.
Grundsätzlich richteten sich die Proteste gegen die atomare Aufrüstung insgesamt, wenn auch in geringerem Maße gegen die der Sowjetunion und des Ostblocks als die im eigenen Land. Die meisten Anhänger der Friedensbewegung waren der Auffassung, dass jedes Volk sich vor allem um die Abrüstung im eigenen Land kümmern müsse. ■

gress musste er zudem hart um die Ratifizierung des Vertrages kämpfen, was schließlich misslang. Die Stimmung hatte sich gegen ihn gewendet, und der Begriff der „Entspannung im Kalten Krieg" wurde nur noch belächelt. Carters Gegner formierten sich zudem und forderten einen „Frieden durch Stärke". Sein Nachfolger Ronald Reagan nutzte dieses Credo und den Einmarsch in Afghanistan für seine konservative Wende, in der er auch auf Konfrontationskurs mit der Sowjetunion ging.

Carter sah den amerikanischen Einfluss im Mittleren Osten schwinden und fürchtete zudem den Einfluss der Sowjetunion, da durch einen Staatsstreich die kommunistische Partei Afghanistans am 27. April 1978 an die Macht kam. Die kommunistische Partei war jedoch nur schwach in der Bevölkerung verankert. Viele standen dem aus dem Iran kommenden islamischen Fundamentalismus näher. Diese Spannungen führten im Sommer 1978 zu einem Bürgerkrieg in Afghanistan.

Breschnew-Karikatur zum Einmarsch sowjetischer Truppen in Afghanistan im Jahr 1979. Damit endete zunächst eine Periode der Entspannung beider Seiten und eine neue Phase des Kalten Krieges begann.

Dieser Bürgerkrieg veranlasste die Sowjetunion im Dezember 1979, Truppen nach Kabul zu entsenden, um dort die kommunistische Partei zu unterstützen. Die Zahl der Soldaten erreichte innerhalb weniger Wochen 90.000 Mann. Gleichzeitig belieferten die USA die Widerstandskämpfer mit Waffen. Damit war die Phase der Ost-West-Entspannung endgültig vorbei und es kam zum Umschwung. Am 14. Januar 1980 forderte die UNO-Vollversammlung die Sowjetunion auf, Afghanistan sofort zu verlassen.

Während sich die afghanischen Widerstandskämpfer an den pakistanischen Grenzgebieten behaupteten und immer wieder Verstärkung aus den in Pakistan stationierten Flüchtlingslagern bekamen, kontrollierte die Sowjetunion mit ihrer Armee die großen Städte und die wichtigsten Verkehrswege. Bald hielten die afghanischen Widerstandskämpfer, die Mudschaheddin, von den Vereinigten Staaten materielle Unterstützung im Kampf gegen die Sowjetunion. Damit war ein neuer Stellvertreterkrieg ausgebrochen, der bis zum Ende des Kalten Krieges andauern sollte.

Der Krieg in Afghanistan belastete die ohnehin wirtschaftlich angeschlagene Sowjetunion sehr. Zudem sank das Ansehen der UdSSR vor allem in den Ländern der Dritten Welt. Daher beinhaltete auch der Reformkurs Gorbatschows eine Beilegung des Konfliktes. Schließlich kam es am 14. April 1988 zur Beendigung des Afghanistan-Konflikts durch Vertreter aller Konfliktparteien, die sich in Genf versammelt hatten. Sowohl die Vereinigten Staaten als auch die Sowjetunion verpflichteten sich, sich künftig nicht mehr in den Konflikt einzumischen. Die sowjetischen Truppen sollten zudem bis zum 15. Februar 1989 abgezogen werden. Der Krieg forderte insgesamt mehr als 1,2 Millionen Opfer unter der Zivilbevölkerung und vertrieb mehrere Millionen Menschen aus Afghanistan. Das Land war zerstört und befand sich weiterhin im Zustand eines Bürgerkrieges, der nun ohne Truppen der USA und der Sowjetunion weitergefochten wurde.

Die Rückkehr des Kalten Krieges nach Europa: Der NATO-Doppelbeschluss

Während sich der Kalte Krieg über Stellvertreterkriege seit dem Mauerbau 1961 in die Dritte Welt verlagert hatte, genoss Europa eine verhältnismäßig friedliche Zeit. Doch Mitte der 1970er-Jahre ersetzte die UdSSR ihre auf Westeuropa gerichteten atomaren Mittelstreckenraketen durch moderne SS-20-Raketen mit größerer Sprengkraft. Die Sowjetunion verstand diesen Vorgang stets als eine Modernisierung ihrer Waffen, aber nie als neue Aufrüstung. Im Westen betrachtete man diese Entwicklung jedoch mit Sorge. Vor allem der neue deutsche Bundeskanzler Helmut Schmidt sah in dieser Entwicklung das strategische Gleichgewicht in Europa in Gefahr. In seiner viel beachteten Rede im Londoner International Institute for Strategic Studies forderte Schmidt 1977 die NATO auf, das qualitative und quantitative Übergewicht der Sowjetunion im Bereich der Mittelstreckenraketen auszugleichen.

Die Protest- und Friedensbewegung der 1960er- und 1970er-Jahre demonstrierte auch gegen den NATO-Doppelbeschluss, der die Stationierung neuer Mittelstreckenraketen in Westeuropa besiegelte. Der Beschluss beherrschte die außen- und innenpolitischen Debatten von 1979 bis 1983 und ließ eine breite Friedensbewegung entstehen.

Daher trafen sich Vertreter der NATO-Mitgliedsstaaten am 12. Dezember 1979 in Brüssel und sprachen über eine entsprechende Nachrüstung, die das Ungleichgewicht aus ihrer Sicht aufheben würde. Diese Nachrüstung sah vor, dass die Stationierung der sowjetischen SS-20-Raketen mit der Produktion von Pershing-2-Raketen und Marschflugkörpern vom Typ Cruise Missile beantwortet werden sollte.

Der NATO-Doppelbeschluss sah zunächst Verhandlungen mit der UdSSR über den Abbau der Mittelstreckenraketen vor. Erst wenn diese Gespräche scheitern sollten, war vorgesehen, dass die USA ab Ende 1983 ebenfalls Mittelstreckenraketen in Mitteleuropa stationieren sollten. Daher trafen sich beide Seiten am 30. November 1981 in Genf zu Abrüstungsverhandlungen. Diese blieben jedoch vor dem Hintergrund der erneuten Spannungen in Afghanistan ohne jeden Erfolg. Die Abrüstungsgespräche wurden zudem durch die Vorwürfe der Sowjetunion belastet, die Vereinigten Staaten würden ein Wettrüsten provozieren. Ein Vergleich der beiden Großmächte war letztlich unmöglich, da die sowjetischen Raketen wohl ganz Europa bedrohten, die USA und die amerikanischen Raketen aber nicht die Sowjetunion.

Die Stationierung der neuen Mittelstreckenraketen wurde von riesigen Friedensdemonstrationen begleitet. Die Protestaktionen konzentrierten sich vor allem auf Deutschland, da ein Krieg wahrscheinlich auf dem Boden der beiden deutschen Staaten ausgetragen worden wäre.

Solidarność

Bereits im Frühjahr des Jahres 1980 hatte es in Polen erste Streiks und Arbeitsniederlegungen gegeben. Diese weiteten sich im Sommer aus. Mit dem August begann eine 15 Monate dauernde Phase des Freiheitskampfes der von regimekritischen Intellektuellen unterstützten Arbeiterbewegung, in der sich die antikommunistische Gewerkschaft Solidarność herausbildete.

Die Streikwelle wurde von einer Erhöhung der Preise für Fleisch am 1. Juli 1980 ausgelöst. Zunächst beschränkten sich die Streiks auf einige Werften an der Ostsee, griffen aber bald auf das Land über. In der Danziger Leninwerft kam es am 14. August zum Streik aufgrund der Entlassung von Anna Walentynowicz, die eine bedeutende Symbolfigur der Streikbewegung von 1970 war.

Die Bewegung breitete sich schnell über ganz Polen aus und stellte nun politische und soziale Forderungen, zu denen die Zulassung einer unabhängigen Gewerkschaft gehörte, die die Einhaltung von möglichen Reformen überwachen sollte. In der Folge formierte sich die unabhängige selbstverwaltete Gewerkschaft Solidarität, Solidarność. Besonders durch die Einbeziehung von Intellektuellen in die Arbeit der Streikkomitees konnten der Staatsmacht weitgreifendere Zugeständnisse als zuvor abgetrotzt werden.

Der spätere Friedensnobelpreisträger Lech Wałęsa war von 1980 bis 1990 Vorsitzender der zeitweise verbotenen Gewerkschaft Solidarność und spielte eine gewichtige Rolle bei der Demokratisierung Polens. Von 1990 bis 1995 war er Präsident des Landes.

Johannes Paul II. – Ein Mann aus dem Ostblock wird zum Papst gewählt

Papst Johannes Paul II. war vom 16. Oktober 1978 bis zu seinem Tod 2005 Oberhaupt der römisch-katholischen Kirche. Sein Pontifikat war das zweitlängste historisch belegbare. Er war der bislang einzige slawische Papst. Ihm wird eine maßgebliche Rolle bei der Beendigung des Sozialismus vor allem in seinem Heimatland Polen zugeschrieben.

Am 28. September 1978 starb Johannes Paul I., der ehemalige Kardinal Albino Luciani, nach nur wenigen Tagen, in denen er als Papst das Oberhaupt der katholischen Kirche war. Die Kurie wählte den Erzbischof von Warschau, Karol Wojtyla, zu seinem Nachfolger, der sich fortan Johannes Paul II. nannte. Der Pole Wojtyla wurde nach 456 Jahren somit zum ersten Papst, der nicht aus Italien stammte, und war der erste slawische Papst überhaupt.

Johannes Paul II. übte einen großen Einfluss auf seine überwiegend katholische und strenggläubige polnische Heimat aus. Entsprechend stärkte er die antikommunistische Gewerkschaft Solidarność durch seine offene Unterstützung. Lech Wałęsa, der Anführer der Gewerkschaft, sprach später davon, dass die Aufforderung Johannes Paul II., alle Angst zu vergessen, Polen aufgeweckt habe. Von Bedeutung waren insbesondere die Reisen des Papstes nach Polen in den Jahren 1979, 1983 und 1987. Immer wieder forderte der Papst von der polnischen

Staatsführung, die Einführung von Reformen und die Einhaltung der Menschenrechte. Gorbatschow schrieb später in seinen Memoiren, dass die revolutionären Geschehnisse in Osteuropa seiner Meinung nach ohne Johannes Paul II. nicht möglich gewesen wären.
Im Kreml war man deshalb beunruhigt, denn bislang war die Ostpolitik des Vatikans vorsichtig auf Annäherung zum Ostblock bedacht. Doch auch als Papst war Johannes Paul II. ein polnischer Patriot und unterstützte den Freiheitswunsch seines Vaterlandes mit Geldern der Vatikanbank. Das wiederum sorgte auch im Vatikan für Unruhe.
Möglicherweise kam es am 13. Mai 1981 zu einem Anschlag auf den Papst, weil er eine Gefahr für den Kommunismus darstellte. An diesem Tag wurde er in seinem Wagen auf dem Petersplatz von dem 23-jährigen Mehmet Ali Agca aus nächster Nähe angeschossen und schwer verwundet. Hinter dem Attentäter, der Mitglied einer rechtsextremistischen türkischen Gruppe war, vermutete der Westen den bulgarische Geheimdienst und letztlich den KGB, den Geheimdienst der Sowjetunion. ■

In der Sowjetunion wie auch in den kommunistischen Nachbarländern Polens beobachteten die Staatsführer diese Entwicklung mit großer Sorge. Vor allem Erich Honecker befürchtete ein Übergreifen der Bewegung auf die DDR. Er bat daher Moskau, die Breschnew-Doktrin wie im Prager Frühling zu exekutieren und die Streiks gewaltsam niederzuschlagen. Doch die Sowjetführung zögerte, da man sich auf Afghanistan konzentrierte und keinen weiteren Imageschaden durch einen militärischen Einsatz in Polen erhalten wollte.

Lech Wałęsa war seit der offiziellen Gründung am 17. September 1980 bis 1990 Vorsitzender von Solidarność. Nach der Ausrufung des Kriegsrechts in Polen wurde Wałęsa jedoch interniert. Der Westen versuchte, ihn zu stützen. So kürte das US-amerikanische Magazin *Time* ihn zum Mann des Jahres 1982, und die schwedische Zeitung *Dagens Nyheter* sowie die dänische *Politiken* verliehen ihm im gleichen Jahr ihren Freiheitspreis. 1983 erhielt Wałęsa für seinen Kampf für Freiheit und Gerechtigkeit den Shalom-Preis der deutschen Menschenrechtsorganisation „Arbeitskreis für Gerechtigkeit und Frieden" sowie den Friedensnobelpreis, den seine Frau stellvertretend für ihn annahm. Er war von 1990 bis 1995 Staatspräsident von Polen und organisierte den politischen Wandel Polens von einem kommunistischen und realsozialistischen zu einem demokratischen und marktwirtschaftlichen System.

Zum Vorsitzenden von Solidarność wurde Lech Wałęsa gewählt; die staatliche Anerkennung erhielt die Gewerkschaft schließlich am 10. November 1980 durch die offizielle staatliche Registrierung. In der Folge wuchs die Zahl der Mitglieder stetig an und erreichte in ihrer Hochphase 9,5 Millionen. Letztlich waren bis zu einer Million Parteimitglieder gleichzeitig Mitglieder der Solidarność.

Parallel zu dieser Entwicklung übernahm bereits am 10. Februar 1981 der als Hardliner bekannte Verteidigungsminister Wojciech Jaruzelski das Amt des Ministerpräsidenten und im Oktober auch das des Parteichefs. Er setzte sich zum Ziel, die immer größer werdenden Forderungen der Solidarność einzudämmen. Nachdem das ganze Jahr über ein sowjetischer Einmarsch in Polen unter den Machthabern im Ostblock diskutiert worden war, stand am Ende ein scheinbarer Kompromiss: Die Sowjetunion marschierte nicht in Polen ein, dafür verhängte Jaruzelski am 13. Dezember 1981 das Kriegsrecht über Polen. Wichtige politische und gesellschaftliche Einrichtungen, Behörden und die Rundfunkstationen wurden vom Militär auf Befehl von Jaruzelski besetzt. Am 8. Oktober 1982 wurde Solidarność durch ein neues Gewerkschaftsgesetz verboten, ihre Arbeit selbst verboten und ihre Anführer verhaftet und interniert. Somit konnte die Gewerkschaft nur noch im Untergrund und mithilfe von Exilgruppen im Ausland weiter existieren.

Nach der Aufhebung des Kriegsrechts im Juli 1983 in Polen arbeitete die Gewerkschaft Solidarnośc verdeckt im Untergrund weiter, konnte sie doch auf eine große Unterstützung im Volk und bei der ohnehin bedeutsamen katholischen Kirche zurückgreifen, deren Ansehen durch die Reisen von Papst Johannes Paul II. in den Jahren 1983 und 1987 zusätzlich gestärkt worden war.

Reagans konservative Wende

Schon unter US-Präsident Jimmy Carter war das Ende der Entspannung im Kalten Krieg sichtbar geworden. Doch seine unglücklichen Versuche, die amerikanischen Geiseln aus der US-Botschaft in Teheran zu befreien, sorgten schließlich dafür, dass sein Ansehen in der Öffentlichkeit schwand und er bei den Präsidentschaftswahlen im November 1980 gegen den ehemaligen Schauspieler und Gouverneur von Kalifornien, Ronald Reagan, verlor.

Der Wahlsieg des Republikaners Reagan war vor allem mit dem Wunsch der Amerikaner verbunden, eine radikale Erneuerung im Inneren zu erreichen und zugleich international zu einer Politik der Stärke und Größe zurückzukehren. Angesichts der Tatsache, dass die Sowjetunion Krieg in Afghanistan führte und die USA ihren Einfluss im Iran verloren hatten, beschloss Reagan eine Aufstockung des amerikanischen Raketenarsenals. Er begann mit der Aufrüstung.

Als Folge dieses Entschlusses verdoppelte Reagan das US-amerikanische Rüstungsbudget innerhalb von fünf Jahren. Er wollte den Kalten Krieg gewinnen und die Sowjetunion, die er einmal öffentlich als das „Reich des Bösen" bezeichnet hatte, in die Knie zwingen. Hierfür schlug er dem US-Kongress das Raketen-Abwehrsystem SDI vor. Reagans Aufrüstungspläne stellten daher schnell das Mächtegleichgewicht zwischen den Vereinigten Staaten und der UdSSR infrage. Zudem verstieß er damit gegen das SALT-I-Abkommen und leitete auf beiden Seiten ein erneutes Wettrüsten ein.

Ronald Reagan besuchte zum 750. Geburtstag der Stadt Berlin auch die Berliner Mauer. In seiner Ansprache vor dem Brandenburger Tor forderte er Michail Gorbatschow auf, die Mauer endlich niederzureißen.

Die **Strategic Defense Initiative (SDI)**, zu Deutsch die Strategische Verteidigungsinitiative, wurde von US-Präsident Ronald Reagan am 23. März 1983 ins Leben gerufen. Das Programm beinhaltete den Aufbau eines Abwehrschirms gegen Interkontinentalraketen. Da der Abwehrschirm aus Satelliten bestand, die die feindlichen Raketen mit Laser zerstören sollten, wurde es zeitgenössisch aufgrund der großen Popularität der Filme in Deutschland als „Krieg der Sterne" sowie international als „Star Wars" bezeichnet.
Eine Reihe von Historikern führten die Auflösung der UdSSR auf die SDI-Initiative zurück, die der Sowjetunion ihren technologischen und wirtschaftlichen Rückstand aufgezeigt habe. Demnach konnte die Sowjetunion ein Wettrüsten im Weltraum wirtschaftlich nicht mehr durchhalten, zusätzlich wäre die Gefahr eines globalen Atomkrieges erheblich gestiegen, hätte einer der beiden Blöcke sich „sicher" gewähnt.

Die Vorwürfe der Friedensaktivisten prallten an Reagan ab. Im Gegenteil hielt er an seinem Kurs, eine Politik der Stärke zu betreiben, fest und scheute vor Konfrontationen mit dem Kommunismus nicht zurück.

Reagan war davon überzeugt, dass die Sowjetunion nicht in gleichem Maße wie die USA aufrüsten könnte. Zu marode war bereits ihre Wirtschaft. Der US-Präsident nahm an, dass die Sowjetunion bei entsprechendem Druck „implodieren" würde. Um diesen Druck zu erhöhen, ließ Reagan wieder verdeckte Operationen in den Satellitenstaaten der Sowjetunion durchführen, auf die seine Vorgänger verzichtet hatten. Hierbei konzentrierten sich die USA vor allem auf die Unterstützung der Solidarność Polen. Darüber hinaus wurden weltweit Widerstandskämpfer in sowjetisch besetzten Gebieten materiell und militärisch unterstützt. Die Sowjetunion sollte mit dem Krieg in Afghanistan „ihr Vietnam" erleben.

Trotz ihrer neuen außenpolitischen Auffassung und der hinzugewonnenen Macht begnügten sich die USA, ihre Stärke gegen schwache Gegner wie Libyen und Grenada zu demonstrieren. Pläne, gegen die UdSSR direkt vorzugehen, wurden zwar entwickelt, aber dennoch verworfen. Beim Angriff auf Libyen hoffte Reagan, einen Beitrag zur internationalen Terrorismusbekämpfung zu leisten, indem er den Diktator Gaddafi exemplarisch vor der Weltöffentlichkeit bestrafte. Gerade hierin zeigte sich die Tendenz Reagans, seine Außenpolitik mit dem Feind-Freund-Schema zu vereinfachen und durch Kreuzzüge gegen Bösewichte an Popularität zu gewinnen. Diese vereinfachte Weltsicht verwendeten mehrere US-amerikanische Präsidenten vor und nach Reagan, um eindeutige Gegner von Demokratie und Freiheit auszumachen, die es mit allen Mitteln zu bekämpfen galt.

Nach Auffassung Reagans waren in Mittel- und Südamerika Moskau und Kuba aktiv und bemüht, dort durch Guerillatruppen kommunistische Regime zu errichten. Reagan ließ daher im Oktober 1983 US-amerikanische Soldaten auf der kleinen Karibikinsel Grenada landen, um die Insel von linken „Gangstertruppen“ zu befreien, außerdem ließ er Truppen gegen El Salvador und Nicaragua vorgehen und die dort kämpfenden „Contras“ unterstützen. Sie wurden hauptsächlich mit Geldern finanziert, die aus dubiosen Waffengeschäften mit dem Iran stammten. Als diese Waffenlieferungen und die aus den Gewinnen durchgeführte Unterstützung der „Contras“ in Nicaragua bekannt wurden, geriet die Administration Reagans in die sogenannte „Iran-Contra-Affäre“.

Das Ende des Kalten Krieges, 1985–1991

Gegenüber der UdSSR vertrat Ronald Reagan zunächst eine Politik der Stärke. Ziel der Außenpolitik seiner beiden Amtsperioden von 1981 bis 1989 war stets die Zurückdrängung der Sowjetunion. Hierbei erhielt er vom Kongress die Unterstützung für eine in Friedenszeiten einmalige Aufrüstung. Die von Journalisten scherzhaft „Krieg der Sterne“ genannte Strategic Defense Initiative (SDI) sollte dabei die USA gegenüber der Sowjetunion wieder in eine Position der Überlegenheit bringen. Das von Reagan unterstützte, letztlich aber nicht realisierte Raketenverteidigungssystem sah Laserwaffen an Satelliten über Nordamerika vor, die einen sowjetischen Angriff unmöglich machen sollten.

Nachdem 1985 Michail Gorbatschow Generalsekretär der UdSSR wurde, begann eine Zeit des amerikanisch-sowjetischen Dialogs, der sich in mehreren, jährlich stattfindenden Gipfeltreffen manifestierte. Der Durchbruch zur Abrüstung gelang nach ersten Gesprächen in den Jahren 1985 und 1986 schließlich im Jahr 1987, als beide den Abzug ihrer Kurz- und Mittelstreckenraketen aus Europa und deren kontrollierte Vernichtung beschlossen. Innere Spannungen in der Sowjetunion hatten zu einer Umkehr der Strategie von sowjetischer Seite geführt. Gorbatschow leitete einen Reformkurs ein, den er „Perestroika“ (Wende in Wirtschaft und Verwaltung) und „Glasnost“ (Offenheit und Transparenz nach innen und außen) nannte. Zusätzlich entlastete der sowjetische Rückzug aus Afghanistan das Verhältnis beider Supermächte.

Mit Michail Gorbatschow trat 1985 ein Mann an die Spitze der KPdSU, der mit seinen Reformprogrammen weg vom alten Herrschaftssystem kommen wollte. Die Völker Osteuropas nahmen den Reformkurs dankend auf. Eine breite Demokratiebewegung entstand in den einzelnen Ländern des Warschauer Paktes. Auch die Bewohner der DDR gaben ihrer Unzufriedenheit immer stärker Ausdruck, nicht zuletzt, weil sich die wirtschaftliche Lage der DDR zusehends verschlechterte. Nachdem in Ungarn bereits eine Revolution stattgefunden hatte, wurde es den DDR-Bürgern möglich, in den Westen zu flüchten. Diese Fluchtbewegung weitete sich nach der Öffnung der grünen Grenze zu einer Massenflucht aus.

Wirtschaftliche Stagnation in der Sowjetunion

Obwohl in der Ära Breschnew Reformen zur Sanierung der sozialistischen Planwirtschaft angestoßen worden waren, stagnierte die sowjetische Wirtschaft seit Ende der 1970er-Jahre. Anstatt die Konsumgüterproduktion voranzutreiben, floss das Geld in die Rüstung, um im Wettrüsten mit den Amerikanern die Oberhand zu gewinnen. Währenddessen lag der Lebensstandard der sowjetischen Bevölkerung weit unter dem des Westens. Der politische Unterdrückungs- und Kontrollapparat der KPdSU war zwar seit dem Stalinismus verhältnismäßig gelockert worden, Oppositionelle wurden jedoch nach wie vor in die Verbannung geschickt oder inhaftiert. Äußerlich machte die UdSSR für den ungeübten Beobachter den Anschein einer gesunden und starken Supermacht, in ihrem Innern hingegen begann der Zerfall. An diesem Zustand änderte sich auch in den Jahren 1982 bis 1985 unter Leonid Breschnews

Gorbatschows Reformen waren notwendig, um die Sowjetunion zu „sanieren". Die Öffnung nach Westen vermehrte jedoch auch die Armut in der Sowjetunion und ließ viele Sowjetbürger an der neuen Politik zweifeln.

beiden Nachfolgern Andropow und Tschernenko nichts. Die Sowjetunion war reformbedürftig.

Am 11. März 1985 wählte das Zentralkomitee der KPdSU den 54-jährigen Michail Gorbatschow zum neuen Generalsekretär der Partei. Gorbatschow, ein energischer und zugleich populärer Reformer, hatte bisher als Sekretär des ZK gearbeitet und saß ab 1979 im Politbüro der KPdSU. Mit Gorbatschow kam ein Mann an die Spitze der Sowjetunion, der eingesehen hatte, dass sich das Land am Rande eines Abgrunds befand. Der einzige Ausweg aus der Krise führte über resolute Reformen in der Innenpolitik sowie über eine Wende in der Außenpolitik.

Von Anfang an setzte Gorbatschow innenpolitisch auf einen Reformkurs, der eine radikale Änderung des bisherigen Wirtschaftssystems beinhaltete. Hierbei war es ihm wichtig, die Korruption in der Sowjetunion zu bekämpfen und durch Schließung verlustreicher Unternehmen die Wirtschaftlichkeit der übrigen Betriebe zu erhöhen. Darüber hinaus trat er für einen Abbau der Bürokratie ein und gewährte den Menschen in der UdSSR mehr Eigenständigkeit, um so deren Bereitschaft Verantwortung zu tragen zu fördern.

Glasnost und Perestroika

Michail Gorbatschow kennzeichnete seine Reformen mit zwei zentralen Begriffen: Glasnost und Perestroika, die bald weltweit vernommen wurden und Achtung fanden. Dabei stand das Schlagwort Glasnost für gesellschaftliche Offenheit sowie für Transparenz des politischen Handelns nach innen wie nach außen. Als Perestroika bezeichnete er die Umgestaltung des wirtschaftlichen und gesellschaftlichen Lebens, die die Planwirtschaft und das Sowjetsystem durch marktwirtschaftliche sowie demokratische Elemente ergänzen sollte. Laut Gorbatschows damaliger Auffassung sollte der Sozialismus durch diese beiden Maßnahmen zu seiner wirklichen Entfaltung und Größe finden. Zu seinen beiden hauptsächlich nach innen gerichteten Schlagworten Perestroika und Glasnost fügte er zudem eine Entspannungspolitik gegenüber dem Westen hinzu, die der Sowjetunion eine neue, wohlhabende Zukunft bereiten sollte.

Schon bald nach Gorbatschows Amtsantritt im Jahr 1985 waren erste Anzeichen eines grundlegenden Wandels der Sowjetunion auszumachen. Doch sie beschränkten sich in dieser Zeit zunächst vorwiegend auf die Bereiche des öffentlichen Lebens: Die Medien berichteten auf einmal auch Regimekritisches, eine öffentliche Diskussion über die Verbrechen des Stalinismus und die eigene Geschichte wurde entfacht, ehemalige Regimekritiker wurden aus der Haft entlassen oder aus der Verbannung zurückgerufen und in Moskau konnten Demonstrationen durchgeführt werden, ohne dass die Polizei eingriff. Glasnost zeigte Wirkung.

Doch während Glasnost schnell im öffentlichen Leben der Sowjetunion Einzug hielt, tat sich die Umgestaltung der Wirtschaft schwer und kam nur schleppend in Gang. Mit Perestroika wollte Gorbatschow gegen Trägheit, Schlendrian, Korruption und Trunksucht in Unternehmen und der Verwaltung vorgehen. Doch dabei stieß er auf erbitterten Widerstand. Viele Beamte, Funktionäre und Politiker, die bislang vom Sowjetapparat getragen worden waren, fürchteten nun um ihre Posten und Privilegien. Nach Jahren der kommunistischen Herrschaft waren sie nicht fähig, in größerer Eigenverantwortung und mit neuer Entscheidungsfreiheit zu handeln. Daher wurde 1986 auf der Grundlage von Perestroika auf dem 27. Parteitag der KPdSU ein neuer Fünfjahresplan verabschiedet. Von nun an erhielten Fabrikdirektoren größere Entscheidungsbefugnisse und es wurden Maßnahmen gegen Korruption, Fälschung, Alkoholmissbrauch und das Fehlen am Arbeitsplatz ergriffen. Bereits ein Jahr später war es möglich, privatwirtschaftliche Betriebe außerhalb von Staatsbetrieben und Kollektivunternehmungen zu gründen sowie Kooperationsverträge mit ausländischen Firmen zu schließen, um so die Produktion von Konsumgütern zu steigern und an Devisen zu gelangen.

Seit ihrem Bestehen war die **Sowjetunion ein Vielvölkerstaat** mit mehr als 100 verschiedenen Nationalitäten. Die sowjetische Verfassung garantierte den einzelnen Volksgruppen jedoch eigentlich weitgehende Autonomie, doch der Führungsanspruch der Russen führte schließlich zu einem auf Moskau konzentrierten sowjetischen Zentralismus. Die bis dahin unterdrückten nationalen Gefühle kamen erst mit Glasnost wieder zum Vorschein. Insbesondere die Völker, welche über eine eigene Sprache und Religion verfügten, strebten nach Selbstbestimmung und Unabhängigkeit.

Doch um seine Reformpolitik erfolgreich durchführen zu können, musste sich Gorbatschow gegen viele Widersacher im Staatsdienst und innerhalb der Partei durchsetzen. Seine Gegner fürchteten sich vor der eigenen Entmachtung und hielten krampfhaft an den alten Strukturen des sowjetischen Herrschaftssystems fest. Doch Gorbatschow gelang es, zumindest auf der obersten Ebene seine Macht zu sichern und weiter auszubauen. Bereits ein Jahr nach seinem Amtsantritt bestand rund die Hälfte des Politbüros aus neuen Mitgliedern. Im Jahre 1988 trat zudem eine Verfassungsänderung in Kraft, die das politische System in Richtung eines Prä-

„Wer zu spät kommt, den bestraft das Leben", soll Michail Gorbatschow Erich Honecker während der Feierlichkeiten zum 40. Jahrestag der Gründung der DDR mit auf den Weg gegeben haben.

sidialsystems umgestaltete und Gorbatschow zum Präsidenten der Sowjetunion machte.

Glasnost und Perestroika waren als Reformen gedacht, doch sie legten auch die eigentlichen Probleme der Sowjetunion für alle sichtbar und offen dar: Mit Glasnost hatte zwar eine neue Transparenz in das gesellschaftliche Leben der Sowjetunion Einzug gehalten, doch die Mängel des Systems, die dadurch sichtbar wurden, waren damit nicht behoben. Der Lebensstandard der Menschen in der Sowjetunion verschlechterte sich zunehmend. Sie hatten mit Warenknappheit, steigenden Preisen sowie wachsender Inflation zu kämpfen. Die Armut in dem Riesenreich nahm dramatische Ausmaße an. Dies zeichnete sich auch im Straßenbild der Großstädte ab, wo erstmals Bettler anzutreffen waren. Folgen davon waren eine zunehmende Kriminalität und häufige Streiks der unzufriedenen Arbeiter.

Nach fünf Jahren seiner Politik stand fest, dass die Reformen nicht das bewirkt hatten, was Gorbatschow 1985 verkündet hatte. Für das Scheitern der Reformpolitik war vor allem der Widerstand der privilegierten und einflussreichen Schicht von Partei-, Staats- und Wirtschaftsfunktionären sowie von großen Teilen des Militärs verantwortlich. Andere Maßnahmen wurden auf mittlerer und unterer Ebene der Bürokratie entweder sabotiert oder schlicht nicht umgesetzt. Zudem zeichnete sich nun verstärkt ab, dass die Planwirtschaft und der Anspruch auf Weltmacht das Wirtschaftssystem vollständig zerrüttet hatten. Unter diesem Raubbau hatten die Menschen in der Sowjetunion, die

Der Westen vertrat die Ansicht, dass Gorbatschow ein neuer Typus eines sowjetischen Politikers sei. Mit ihm könne man reden. Gorbatschow schlug später selbst dem Westen Abrüstungsgespräche vor, die er dann gemeinsam mit Ronald Reagan führte.

Umwelt sowie auch Ressourcen und Bodenschätze nachhaltigen Schaden genommen.

Abrüstungskonferenzen und Verbesserung der amerikanisch-sowjetischen Beziehungen

Michail Gorbatschow war der Überzeugung, dass der Erfolg seiner Reformen von einer Reduzierung der Rüstungskosten abhing. Daher wollte er den neuerlichen Rüstungswettlauf beenden. Für ihn war eine neue Entspannungspolitik zwischen den beiden Blöcken, verbunden mit baldigen Abrüstungsmaßnahmen, unentbehrlich, da so der Druck von außen gemindert werden sollte. Nur auf diesem Wege würde laut Gorbatschow eine Erneuerung der Wirtschaft und die Verbesserung der Konsumgüterversorgung ermöglicht. Reagans Annahme, dass die Sowjetunion seinem Aufrüstungsprogramm nicht standhalten konnte, schien sich daher zu bewahrheiten.

Im Westen kam man schnell zu der Einsicht, dass Gorbatschow durchaus ein Mann war, mit dem man reden konnte. So kam es im November 1985 zwischen Reagan und Gorbatschow zu einem ersten Gipfeltreffen, bei dem es lediglich zu einer Übereinkunft kam, den Dialog fortzuführen und die amerikanisch-sowjetischen Beziehungen zu verbessern. Die beiden Supermächte einigten sich darauf, ihre Gespräche im nächsten Jahr, im Oktober 1986, in Reykjavik fortzuführen. Nun zeigte sich, wie wichtig die Nachrüstungen des NATO-Doppelbeschlusses für die Abrüs-

Zu Michail Gorbatschows Maßnahmen gehörte auch der Rückzug sowjetischer Truppen aus Afghanistan, was ihm im Westen hoch angerechnet wurde.

tungsverhandlungen gewesen waren. Gorbatschows Vorgänger hatten 1983 die Verhandlungen über eine mögliche Abrüstung noch abgelehnt, doch nun legte Gorbatschow den Westmächten selbst verschiedene Abrüstungsvorschläge vor, die sogar einseitige sowjetische Maßnahmen beinhalteten.

Am 8. Dezember 1987 kam es zum vorläufigen Abschluss der 1982 von Reagan initiierten START-Verhandlungen. US-Präsident Ronald Reagan und der sowjetische Staatschef Michail Gorbatschow unterschrieben in Washington den sogenannten INF-Vertrag (*Intermediate-Range-Nuclear-Forces*-Vertrag) über die vollständige Vernichtung aller atomaren Mittelstreckenwaffen. Dadurch war ein historischer Schritt getan, und eine neue Ära der Entspannung zwischen den Mächten begann.

Gleichzeitig kündigte Gorbatschow die einseitige Reduzierung der sowjetischen Streitkräfte um zehn Prozent und den Rückzug der sowjetischen Truppen aus den Satellitenstaaten an, was das Ende der Breschnew-Doktrin bedeutete. Darüber hinaus verkündete er den Rückzug der UdSSR aus der Dritten Welt und vor allem aus Afghanistan. Bis Februar 1989 waren die sowjetischen Truppen dort abgezogen.

Die Revolutionen in Europa

Bereits in den 1950er- und 1960er-Jahren war es in vielen Ländern des Warschauer Paktes zu Versuchen gekommen, die sowjetische Vorherrschaft abzuschütteln und dem Einflussbereich der UdSSR zu entkom-

Der größte anzunehmende Unfall – Der Super-GAU in Tschernobyl

Das Denkmal in Tschernobyl erinnert an die Reaktorkatastrophe aus dem Jahr 1986. Sinnbildlich steht diese Katastrophe für das marode System im Inneren der Sowjetunion, das Gorbatschow reformieren wollte.

Im Laufe des Kalten Krieges ereigneten sich auf beiden Seiten immer wieder Unfälle in den Produktionsstätten für Atomwaffen. Allerdings richteten die Unfälle in der Sowjetunion einen größeren Schaden an als die vergleichbaren Unfälle in den Vereinigten Staaten. Im Jahr 1957 brannte in Colorado die sechs Jahre zuvor errichtete Fabrik für Plutoniumzünder nieder und verstrahlte die Umgebung. Im gleichen Jahr explodierte im sowjetischen Kernwaffenkomplex Tscheljabinsk-40 bei Kyschtym im Ural ein Lager für hoch radioaktive Abfälle. 23.000 Quadratkilometer Land im Umkreis und 250.000 Menschen wurden dabei verstrahlt.

Am 26. April 1986 ereignete sich im Kernkraftwerk Tschernobyl in der ukrainischen Sowjetrepublik ein Super-GAU als Folge einer Kernschmelze und Explosion im Kernreaktor „Block 4“. Die sogenannte Tschernobyl-Katastrophe gilt als schwerster nuklearer Unfall und als eine der schlimmsten Umweltkatastro-

phen überhaupt. Große Mengen Radioaktivität wurden durch Freilegung und Brand des Reaktorkerns freigesetzt, die unmittelbare Umgebung wurde stark kontaminiert; darüber hinaus gab es zahlreiche direkte Strahlenopfer unter den Hilfskräften.

Bei der Tschernobyl-Katastrophe wurden große Mengen an radioaktivem Material in die Luft geschleudert und verteilten sich über der Region nordöstlich von Tschernobyl. Durch eine für Mitteleuropa unglückliche Windkonstellation verteilte sich aber auch ein Großteil der Radioaktivität über dem Kontinent. Bis heute führt der Unfall zu vielen Todesfällen und Erkrankungen. Dazu kommen psychische, soziale, ökologische und ökonomische Schäden von Natur und Mensch.

Das Reaktorunglück in Tschernobyl stand zudem sinnbildlich für die marode Sowjetunion. Das Wettrüsten und die desolate Wirtschaft hatten zu einer innersowjetischen Krise geführt, die in dieser Katastrophe ihren Höhepunkt fand. Das Ereignis trug auch dazu bei, dass sich Gorbatschows Haltung veränderte. Er glaubte, dass das Reaktorunglück den Zustand der Sowjetunion widerspiegeln würde. Jahrelang hatte man außerordentliche Vorkommnisse, Verantwortungslosigkeit und Leichtsinn vertuscht. „In der Tat zwang Tschernobyl mich und meine Kollegen, zahlreiche Fragen neu zu durchdenken", berichtete Gorbatschow später. ■

men. Die Reformversuche und beginnenden Revolutionen waren aber immer entweder von den eigenen kommunistischen Regierungen unterdrückt oder vom sowjetischen Militär blutig niedergeschlagen worden.

Doch waren die Reformbewegungen auch nach ihrer Niederschlagung im Untergrund sowie in den Köpfen der Menschen präsent. Als es daher in den 1980er-Jahren in den Satellitenstaaten der Sowjetunion wieder zu Protesten und Aufständen wie in Polen kam, konnten die erneuten Reformbewegungen auf diese Tradition zurückgreifen. Bis 1989 setzte schließlich ein rasanter Demokratisierungsprozess ein, der den Reformbewegungen neuen Schwung verlieh. Dieser Reformprozess nahm seinen Ausgang in Polen und Ungarn, griff aber bald auch auf zunächst reformunwillige Staaten wie die DDR, die Tschechoslowakei oder Rumänien über.

In allen Fällen war vor allem die wachsende Unzufriedenheit der Bevölkerung mit dem real existierenden Sozialismus ausschlaggebend für die gesellschaftlichen Umwälzungen. Die Bevölkerung der Satellitenstaaten wünschten sich ein politisches Mitspracherecht und eine Verbesserung der Wirtschaft, insbesondere der Versorgung durch Konsumgüter.

Ohne Zweifel war die eigentliche Voraussetzung für den gewaltlosen Ablauf des Demokratisierungsprozesses der politische Kurswechsel der Sowjetunion unter Michail Gorbatschow. Nur durch seine weise und besonnene Zurückhaltung konnte eine Eskalation der Gewalt verhindert und eine neue Entspannungspolitik ermöglicht werden. Damit war die während des Prager Frühlings verkündete Breschnew-Doktrin als außenpolitische Grundrichtung der Sowjetunion, die den sozialistischen Staaten nur begrenzte Souveränität zugestanden hatte, Geschichte.

Demokratisierung in Polen und Ungarn

Seit der Rücknahme des Kriegsrechts in Polen 1983 versuchte die Regierung unter General Jaruzelski, die wirtschaftliche und politische Krise mit Reformen zu meistern. Doch eine Verbesserung der Lage war nicht in Sicht, und die Reformen erzielten nicht die gewünschte Wirkung. Erst als Gorbatschow die Satellitenstaaten zu Reformen aufgefordert hatte, sah sich die polnische Regierung im Herbst 1988 in die Lage gebracht, Gespräche mit Mitgliedern der seit sieben Jahren verbotenen Gewerkschaft Solidarność aufzunehmen. Im Frühjahr 1989 berieten beide Seiten in Warschau über die Einführung demokratischer Freiheiten und eine Umgestaltung der Planwirtschaft.

General Wojciech Jaruzelski wurde 1981 Erster Sekretär der Kommunistischen Partei Polens. Am 11. Februar wurde er Ministerpräsident Polens und verhängte am 13. Dezember das Kriegsrecht, um den wachsenden Einfluss der Solidarność zu brechen.

In den vom 6. Februar bis zum 5. April 1989 andauernden Verhandlungen einigten sich beide Seiten auf folgende Reformen: Das Amt des Präsidenten sollte mit größeren Vollmachten ausgestattet werden und eine zweite Parlamentskammer, der Senat, sollte eingeführt und frei gewählt werden. Wirtschaftliche Verbesserungen erhofften sich beide Seiten, indem die Löhne, die unter der Inflationsrate lagen, angepasst wurden. Ferner war eine Freigabe der Preise vorgesehen. Darüber hinaus wurde die Gewerkschaft Solidarność ab dem 17. April wieder erlaubt. Damit war ein entscheidender Schritt für einen friedlichen Wandel Polens von einem kommunistischen Regime zu einem demokratischen Rechtsstaat gemacht. Der Wandel vollzog sich nach den nächsten Wahlen weiter, als die kommunistische Partei immer mehr an Einfluss an Solidarność verlor. Zum ersten nichtkommunistischen Präsident Polens seit über 40 Jahren wurde Tadeusz Mazowiecki im August 1989 gewählt. Unter ihm wurde der Übergang zur Demokratie gefestigt, bis der ehemalige Gewerkschaftsführer Lech Wałęsa 1990 bei einer direkten Wahl zum Präsidenten Polens gewählt wurde.

Anders als in Polen gingen in Ungarn nahezu alle Reformanstöße von einer Oppositionsgruppe innerhalb der kommunistischen Partei aus. Sowohl die Reformen Gorbatschows als auch der zunehmende Druck der Wirtschaftskrise verhalfen diesem Reformflügel schließlich zum Durchbruch innerhalb der Partei. Daraufhin folgte am 3. September 1988 die Gründung des Ungarischen Demokratischen Forums (UDF), das sich für die Errichtung eines Mehrparteiensystems einsetzte. Im Februar 1989 verzichtete die Kommunistische Partei Ungarns auf ihre in der Verfassung festgeschriebene Führungsrolle und billigte das Mehrparteiensystem. Ungarn lockerte in dieser Phase auch den Eisernen Vorhang zu Österreich, sodass viele Bewohner des Ostblocks, vor allem aus der DDR, über diese Grenze in den Westen flüchteten.

Schließlich wurden im Februar 1990 freie Wahlen durchgeführt, aus denen die Parteien des bürgerlichen Lagers als stärkste politische Kraft hervorgingen. Im Zuge dieses Liberalisierungsprozesses wurde auch der ungarische Volksaufstand neu bewertet und die Toten dieses Aufstandes wurden als „Märtyrer von 1956" rehabilitiert.

Die Revolutionen in der Tschechoslowakei und in Rumänien

Seit im Jahr 1968 Truppen des Warschauer Paktes den Prager Frühling gewaltsam niedergeschlagen hatten, blieben die Oppositionskräfte resigniert im Untergrund. Doch in den 1970er-Jahren entstand die „Charta 77", eine Bürgerrechtsbewegung, die gegen die andauernden Menschenrechtsverletzungen durch das kommunistische Regime protestierte und sich auf die UNO-Menschenrechtsdeklaration und die KSZE-Schlussakte von Helsinki berief. Sie forderten bürgerliche Freiheiten und politisches Mitspracherecht. Angeführt wurde die „Charta 77" von Václav Havel, der aufgrund seines entschlossenen Auftretens gegen

Der politische Umsturz und der Systemwandel vom Realsozialismus zur Demokratie im November und Dezember 1989 in der ČSSR gingen aufgrund der Gewaltlosigkeit als Samtene Revolution in die Geschichte ein.

das Regime dreimal verhaftet wurde, insgesamt fünf Jahre im Gefängnis saß und Publikationsverbot erhielt.

Im Zuge der Reformen der Sowjetunion und der Demokratisierungsprozesse in Polen und Ungarn wuchs in der zweiten Jahreshälfte 1989 die Unruhe in der tschechoslowakischen Bevölkerung. Im November wurde das ganze Land von einer nie dagewesenen Demonstrationswelle erfasst, die schließlich in die sogenannte Samtene Revolution mündete.

Die „Charta 77" bildete ein Bürgerforum, um den Protestbewegungen eine konkrete politische Richtung zu geben. Als am 27. November 1989 ein von der Opposition ausgerufener Generalstreik landesweit befolgt wurde, brach die Macht der kommunistischen Partei ein. Bereits am 7. Dezember 1989 trat die Regierung Adamec zurück, drei Tage später folgte der Rücktritt des Staatspräsidenten Gustáv Husák. Der Schriftsteller und Bürgerrechtler Václav Havel wurde zu seinem Nachfolger gewählt. Alexander Dubček, die Symbolfigur des Prager Frühlings, erhielt das Amt des Parlamentspräsidenten.

Im Gegensatz dazu verlief die Revolution in Rumänien blutiger, da das alte Regime sich nicht wie in den anderen Staaten des Warschauer Paktes schnell zurückzog und verschwand. In Rumänien hatte der Diktator Nicolae Ceauşescu ein stalinistisches Schreckensregime aufgebaut und jegliche Art von Opposition unterdrückt. Während er die Auslandsschulden binnen weniger Jahre zurückzahlte, zwang er seinem Volk eine Sparpolitik auf, die zu großer Armut und beinahe zum wirtschaftlichen Kollaps Rumäniens führte.

Im Zuge der politischen Umbruchsbewegungen des Jahres 1989 geriet auch das reformunwillige Ceauşescu-Regime ins Wanken. Die Bevölkerung erhob sich nun gegen das Regime und protestierte gegen die katastrophale wirtschaftliche Lage, die Knappheit der Konsumgüter und gegen den Personenkult um Ceauşescu.

Die Unruhen brachen zuerst am 16. Dezember 1989 in der rumänischen Stadt Temešvár aus, als eine Menschenmenge gegen die Verhaftung des regimekritischen Pastors Laszlo Tökes demonstrierte. Ceauşescus Sicherheitskräfte reagierten, wie sie es in einem totalitären Regime gewohnt waren, und schossen willkürlich auf die Demonstranten. Daraufhin gewann die Protestbewegung weitere Anhänger in der Bevölkerung und auch innerhalb des Militärs, und die Demonstrationen verwandelten sich in regelrechte Straßenschlachten. In den nächsten Tagen verbreiteten sich die Unruhen schnell über ganz Rumänien, wo die Menschen

Ronald und Nancy Reagan nach der Wende an der Berliner Mauer. Das einschüchternde Symbol des Kalten Krieges verlor nach dem 9. November 1989 seine abschreckende Wirkung, sodass Berliner Bürger bald überall Löcher in die Mauer geschlagen hatten.

bald in allen großen Städten gegen das Regime protestierten. Angesichts des riesigen Volksaufstandes wandten sich hohe Parteifunktionäre und Militärs von Ceauşescu ab.

Nach einer Kundgebung am 22. Dezember, bei der er mit Schmährufen empfangen wurde, floh der Diktator aus der Stadt. Er wurde jedoch bald gefasst, vor ein Militärtribunal gestellt und schließlich hingerichtet. Nach seiner Verhaftung brach in den darauffolgenden Tagen eine Art Bürgerkrieg aus, in dem sich regimetreue Soldaten und Demonstranten gegenüberstanden. Das Militär gab erst nach der Hinrichtung Ceauşescus am 27. Dezember 1989 auf.

Danach bildete sich eine Übergangsregierung unter der Führung von Ion Iliescu, der einige von Ceauşescus erlassenen repressiven Gesetzen wieder aufhob und zugleich die ehemalige Führung des alten Regimes festnehmen ließ. Im Mai 1990 gewann die „Front zur nationalen Rettung“ sowohl die Parlaments- als auch die Präsidentschaftswahlen, und Iliescu wurde zum Präsidenten Rumäniens gewählt.

Der Fall der Mauer und die friedliche Revolution in der DDR

Während in einigen Staaten des Warschauer Paktes der Reformprozess in vollem Gange war, schien es noch im Sommer 1989 unmöglich, dass die DDR sich dieser Entwicklung anschließen würde. Ähnlich wie die Sowjetunion steckte auch die Wirtschaft der DDR in der Krise und stagnierte seit den 1970er-Jahren. Der Staatsbankrott der DDR wurde, wie heute bekannt ist, nur durch einen im Westen umstrittenen Milliardenkredit der Bundesrepublik verhindert. Der Staatsverschuldung und dem Devisenmangel durch eine Ausweitung der Exporte in den Westen entgegenzuwirken, war nicht möglich, da DDR-Waren aufgrund mangelhafter Qualität kaum Absatz fanden.

Darüber hinaus bestanden seit Mitte der 1970er-Jahre gesellschaftspolitische Probleme. Zwar unterzeichnete die DDR 1975 die KSZE-Schlussakte von Helsinki, doch an den darin enthaltenen Menschenrechtskatalog hielt sie sich nicht. Angesichts der befürchteten Proteste baute die DDR-Führung ihren Unterdrückungsapparat weiter aus. Das Ministerium für Staatssicherheit, die sogenannte Stasi, wurde dadurch zur eigentlichen Macht im Staate. Diese Herrschaft durch Unterdrückung führte zu einer permanenten Distanz zwischen der Bevölkerung, die sich in ihre Privatsphäre zurückgezogen hatte, und der Staatsführung der DDR. Es entstanden zunehmend Oppositionsgruppen, die unter dem Deckmantel der protestantischen Kirche Schutz suchten. Die Hoffnung der Opposition auf politische Veränderung wurde Mitte der 1980er-Jahre durch die beginnende Reformpolitik Gorbatschows gestärkt. Trotz aller Schikanen des Staates formierten sich im ganzen Land Oppositionsgruppen wie das „Neue Forum“, „Demokratischer Aufbruch“ und „Demokratie Jetzt“.

In Leipzig demonstrierten jeden Montag immer mehr Bürger gegen das Regime und für Demokratie, Einhalt der Menschenrechte und politische Mitbestimmung. Nachdem es am 7. und 8. Oktober 1989 bereits zu Demonstrationen anlässlich der Feierlichkeiten zum 40. Jahrestag der DDR-Gründung kam, strömten am 9. Oktober über 70.000 Menschen zur **Leipziger Montagsdemonstration**. Dabei wurde die Parole „Wir sind das Volk" zum Schlachtruf der Bewegung. Die Demonstration fand trotz Gerüchten über einen Einsatz der Armee gegen die Teilnehmer statt.

Gorbatschow spielte die entscheidende Rolle für den Umsturz der DDR, weil er bereits 1987 die Deutsche Frage für offen erklärt hatte. Darüber hinaus schloss er einen Eingriff in die inneren Angelegenheiten eines Mitglieds des Warschauer Paktes kategorisch aus. Hinzu kam, dass die Grenze von Ungarn nach Österreich im Verlauf des Jahres 1989 geöffnet wurde, sodass bald eine Massenflucht aus der DDR über Ungarn und Österreich in die Bundesrepublik einsetzte, die den Deutschen aus der DDR die volle Staatsbürgerschaft garantierte.

Am 17. Oktober wurde Erich Honecker abgesetzt und durch Egon Krenz ersetzt. Die DDR-Führung verband damit die Hoffnung, die Demonstrationen in den Griff zu bekommen. Doch sie gingen trotz des Führungswechsels weiter. Immer mehr Menschen schlossen sich den landesweiten Demonstrationen an, die am 4. November mit einer halben Million Menschen auf dem Ost-Berliner Alexanderplatz ihren Höhepunkt erreichten. Zur Verblüffung der Menschen im Westen wie im Osten wurde am 9. November 1989 durch eine beiläufige Bemerkung

Nachdem die Nachricht von der Öffnung der Mauer die Menschen Berlins erreicht hatte, versammelten sich Tausende Menschen auf der Berliner Mauer, um für deren Abriss zu demonstrieren.

des SED-Funktionärs Günter Schabowski zur neuen Reiseregelung die Mauer geöffnet. Jeder DDR-Bürger sollte nun mit kurzfristig erteilten Visa sofort in den Westen reisen können.

Daraufhin strömten Tausende Menschen in der Nacht vom 9. auf den 10. November an die Berliner Mauer. Die Grenzbehörden verloren aufgrund dieser unerwarteten Massen die Kontrolle über die Situation und ließen schließlich Tausende von DDR-Bürgern in den Westen Berlins passieren, wo sie von jubelnden Menschen empfangen wurden. Am Brandenburger Tor kletterten die Menschen auf die Mauer und tanzten auf ihr.

Am nächsten Morgen konnte die Grenzpolizei der DDR die Kontrolle über die Grenze wiedererlangen – die Zeit konnte die DDR-Führung allerdings nicht zurückdrehen. Die Mauer war gefallen, und in den nächsten Tagen wurden die ersten Löcher hinein geschlagen. Diese Grenzöffnung war nicht nur auf Berlin beschränkt, sondern überall an der deutsch-deutschen Grenze wurde gefeiert.

Die Wiedervereinigung Deutschlands

Zunächst wurde eine Einheit Deutschlands aus Rücksicht auf den Status der Bundesrepublik in Europa nur zurückhaltend diskutiert, bis schließlich Helmut Kohl, der Bundeskanzler der Bundesrepublik, sein „Zehn-Punkte-Programm“ vorlegte und sich damit an die Spitze der Einheitsbewegung stellte. Dieser am 28. November vorgelegte Plan strebte die deutsche Einheit an, beinhaltete aber auch verschiedene Sofortmaßnahmen zur Stützung der DDR sowie den Plan, alle ehemaligen Satellitenstaaten der Sowjetunion in den europäischen Einigungsprozess mit aufzunehmen und an die Marktwirtschaft heranzuführen.

Der Mauerfall war letztlich auch der Machtzerfall des DDR-Regimes. Die SED ergriff die Flucht nach vorne und strich am 1. Dezember 1989 ihr Machtmonopol aus der Verfassung der DDR. Zwei Tage später trat das Zentralkomitee sowie der Rest der SED-Führung zurück und ein Großteil der ehemaligen Funktionäre, unter ihnen Erich Honecker, wurden aus der Partei ausgeschlossen. Danach benannte sich die SED in PDS um, aus der Sozialistischen Einheitspartei Deutschlands wurde die Partei des Deutschen Sozialismus. Am 7. Dezember trafen sich Vertreter der Oppositionsgruppen und der neuen Regierung Hans Modrows. Hierbei wurden für den 18. März 1990 die ersten freien Wahlen in der DDR festgelegt. Die Bürgerrechtsorganisationen wie das „Neue Forum" und „Demokratie Jetzt" schlossen sich für diese ersten und letzten freien Volkskammerwahlen in der DDR zum „Bündnis 90" zusammen, das später mit den „Grünen" fusionierte.

Nach den ersten freien Wahlen in der DDR galt es, als ersten Schritt zur Einheit schnellstmöglich den wirtschaftlichen Zusammenbruch Ostdeutschlands zu stoppen und dort bessere Lebensbedingungen zu schaffen. In der DDR stand die D-Mark seit Jahrzehnten symbolisch für Wohlstand und ein besseres Leben. Mit dem Inkrafttreten des „Staatsvertrages zur Wirtschafts-, Währungs- und Sozialunion" wurde die D-Mark am 1. Juli 1990 zum alleinigen Zahlungsmittel der DDR. Praktisch über Nacht änderte sich damit auch das Warenangebot dort.

Doch die Lasten der sozialistischen Planwirtschaft ließen sich nicht so leicht beseitigen und die Wirtschaft der DDR konnte man nicht einfach umstellen. Im Sommer 1990 setzte eine massive wirtschaftliche Rezession in der DDR ein, wohingegen die Bundesrepublik aufgrund des neuen Absatzmarktes einen Aufschwung erlebte.

In Deutschland wünschte die Mehrheit der Menschen die Wiedervereinigung. Doch außenpolitisch sah das anders aus. Die europäischen Nachbarn fürchteten sich zum Teil vor der Stärke eines wiedervereinten Deutschlands, und auch die Frage nach dem Status der vier Siegermächte des Zweiten Weltkrieges war bislang ungeklärt und schien ein großes Hindernis auf dem Weg zur Einheit. Doch entgegen der allgemeinen Erwartungen gelang es im Laufe des Jahres 1990, einen außenpolitischen Rahmen zu schaffen, der die Wiedervereinigung Deutschlands erlauben würde.

Eine entscheidende Rolle spielte hierbei der sowjetische Präsident Michail Gorbatschow, zu dem der deutsche Bundeskanzler Helmut Kohl ein Vertrauensverhältnis aufbaute. Gorbatschow erklärte zunächst im Februar 1990, es sei nicht ausschließlich Sache der ehemaligen Siegermächte, über eine Wiedervereinigung zu entscheiden. Er war hingegen der Meinung, „dass es das alleinige Recht des deutschen Volkes ist, die

Zwischen der Öffnung der Mauer und der Wiedervereinigung vergingen gerade einmal elf Monate. Mit dem Beitritt der „fünf neuen Bundesländer" vollzog sich am 3. Oktober 1990 die nationale Einheit Deutschlands, die mit einem großen Festakt am Brandenburger Tor und vor dem Berliner Reichstagsgebäude begangen wurde.

Entscheidung zu treffen, ob es in einem Staat zusammenleben will". Damit war der Weg zur Einheit frei, und es stellte sich nur noch die Frage, wie ein vereintes Deutschland in das internationale Bündnissystem eingebunden werden konnte. Doch Gorbatschow ging noch einen Schritt weiter und gestand am 16. Juli 1990 den Deutschen zu, dass ein wiedervereintes Deutschland frei über seine Bündniszugehörigkeit entscheiden und so seine volle außenpolitische Souveränität zurückerhalten könne. Hierzu trafen sich die vier Besatzungsmächte, die Vereinigten Staaten, Frankreich, Großbritannien und die Sowjetunion, mit Vertretern beider deutschen Staaten zu den sogenannten Zwei-Plus-Vier-Verträgen. Bei den Verhandlungen ging es um Modalitäten einer möglichen Wiedervereinigung und um die Ablösung der Alliierten sowie um den Abzug der sowjetischen Truppen aus der DDR. Dabei betonten alle Seiten, die Endgültigkeit der Oder-Neiße-Grenze. Am 12. September 1990 schließlich unterzeichneten die vier Siegermächte des Zweiten Weltkrieges, die DDR und die Bundesrepublik den „Deutschlandvertrag" oder auch „Zwei-Plus-Vier-Vertrag". Dabei gaben die Siegermächte dem wiedervereinten Deutschland seine volle Souveränität zurück.

Nachdem damit der außenpolitische Rahmen für die Einheit Deutschlands geregelt war, wandten sich die deutschen Politiker den innerdeutschen Verhandlungen zu. Hierbei sollte die Wiedervereinigung Deutschlands auf der Basis eines mehr als 1.000-seitigen Vertragswerks, „Über die Herstellung der Einheit Deutschlands" betitelt, vollzogen werden. Am 20. September 1990 verabschiedeten der Bundestag und die Volkskammer den Einheitsvertrag mit Zusätzen und Übergangsregelungen zur Anpassung des Lebens in der DDR an das bundesrepublikanische Rechtssystem.

Als Termin für den Beitritt der DDR zur Bundesrepublik wurde der 3. Oktober 1990 festgelegt. Fortan galt dieser Tag als „Tag der Deutschen Einheit" und wurde zu einem gesetzlichen Feiertag. Damit war die Einheit Deutschlands vollzogen und die DDR endgültig von der politischen Bühne verschwunden. Die UdSSR und Deutschland unterzeichnen bald darauf, am 9. November, den „Vertrag über gute Nachbarschaft, Partnerschaft und Zusammenarbeit". Am 26. April 1994 verabschiedete der Bundestag das „Berlin-Bonn-Gesetz", das den Umzug von Parlament und Teilen der Regierung nach Berlin regelte. Im gleichen Jahr verließen die letzten russischen Truppen die DDR, womit der seit dem Ende des Zweiten Weltkriegs begonnene Besatzungsstatus endete. Damit war Berlin, die Stadt deren Schicksal über Jahrzehnte den Kalten Krieg bestimmt hatte, nun endgültig Hauptstadt eines wiedervereinten und souveränen Deutschlands.

Die Sowjetunion zerbricht

Die Sowjetunion und vor allem Gorbatschow hatten die Umstürze ihrer Verbündeten aus dem Warschauer Pakt bislang überstanden. Doch Gorbatschows Ansehen innerhalb der UdSSR schwand. Die Öffentlichkeit hielt ihn für einen „Schwätzer" und traute ihm nicht mehr zu, die Sowjetunion reformieren zu können. Am 14. März 1990 wurde Gorbatschow auf einem Sonderkongress der Volksdeputierten zum Präsidenten der UdSSR gewählt. Doch dies blieb sein letzter politischer Erfolg. Während der traditionellen Maiparade wenige Wochen später wurde er vor dem Kreml ausgepfiffen.

Indes ging die innere Krise der Sowjetunion weiter und nahm im Verlauf des Jahres 1991 ein immer größeres Ausmaß an. Es

Obwohl Gorbatschow zuvor die Demokratisierungsbewegungen in den anderen Staaten des Warschauer Paktes duldete, wollte er die Unabhängigkeitsbewegung der **baltischen Staaten** mit militärischer Gewalt unterbinden. Litauen hatte sich am 11. März 1990 für unabhängig erklärt. Doch im Januar 1991 wollten sich moskautreue Konservative mithilfe von Sowjettruppen an die Macht putschen. Am Vilniusser Blutsonntag im Januar 1991 rückten sowjetische Panzer gegen die Demonstranten vor. 14 Menschen kamen ums Leben, 1.000 wurden verletzt.

Michail Gorbatschow

Nach Leonid Breschnew und dem nur kurzzeitig amtierenden Juri Andropow führte mit Konstantin Tschernenko erneut ein schwer kranker, alter Mann die Sowjetunion an. Als mögliche Nachfolger waren Vertreter einer neuen Generation im Gespräch, unter ihnen waren der politische „Hardliner" Grigori Romanow aus Leningrad sowie der „Reformer" Michail Gorbatschow.

Gorbatschow war der erste Generalsekretär der Nachkriegszeit, der den Zweiten Weltkrieg nicht als Soldat oder Partisan miterlebt hatte. Ideologisch war er durch die Abrechnung Chruschtschows mit dem Stalinismus geprägt worden. Darüber hinaus leitete er das Politbüro und damit faktisch die Amtsgeschäfte schon vor seiner Ernennung zum Generalsekretär, weil Tschernenko durch seine schwere Erkrankung dazu nicht imstande war.

Am 11. März 1985, dem Tag nach dem Tod von Konstantin Tschernenko, wurde Gorbatschow mit 54 Jahren zum zweitjüngsten Generalsekretär in der Geschichte der Kommunistischen Partei der Sowjetunion gewählt und begann bald mit seinen Reformen, die die Sowjetunion gesellschaftlich öffnen und ihre Wirtschaft erneuern sollten. Seiner friedlichen und besonnenen Initiative ist es zu verdanken, dass überall im Warschauer Pakt Reformbewegungen einsetzten und schließlich zur Demokratisierung der Staaten führten. Gorbatschow spielte zudem eine gewichtige Rolle bei der Abrüstung von Atomwaffen.

Auf der einen Seite versuchte Gorbatschow, die alteingesessenen, trägen Machtstrukturen der Sowjetunion umzugestalten, auf der anderen Seite war er stets darauf bedacht, den Führungsanspruch der KPdSU aufrechtzuerhalten. Er wollte die Sowjetunion nicht auflösen, sondern ihre Effizienz gesellschaftlich wie wirtschaftlich erhöhen. Zwangsläufig konzentrierte sich immer mehr Macht in den Händen Gorbatschows, als er ab 1988 neben dem Amt des Generalsekretärs der KPdSU auch den Vorsitz des Obersten Sowjets übernahm sowie ab 1990 zum Staatspräsidenten der Sowjetunion gewählt wurde. Niemand seit Stalin verfügte über eine entsprechende Machtfülle in der Sowjetunion.

Die neue Freiheit führte 1989 zu einer Reihe überwiegend friedlicher Revolutionen in Osteuropa, die den Kalten Krieg beendeten und die deutsche Wiedervereinigung erst ermöglichten, an der Gorbatschow zusammen mit Helmut Kohl, George H. W. Bush und François Mitterrand maßgeblich beteiligt war. Gorbatschow erhielt dafür 1990 den Friedensnobelpreis. Die Weltöffentlichkeit feierte Gorbatschow als diejenige Persönlichkeit, deren Politik das Ende des Kalten Krieges herbeigeführt hatte und die der Welt eine neue Perspektive des friedlichen Zusammenlebens eröffnete. ■

Michail Gorbatschow und Ronald Reagan **handelten zwar stets, um die jeweils eigene Seite zu stützen, näherten sich dabei aber auch an. Besonders der besonnenen Haltung von Michail Gorbatschow ist das Ende des Kalten Krieges zu verdanken.**

International wurde Gorbatschow gefeiert. Doch innerhalb der KPdSU galt er als derjenige, der die Partei zerstört hatte. Im August 1991 kam es zum Putsch von konservativen kommunistischen Kräften in der UdSSR, wobei Gorbatschow mit seiner Familie mehrere Tage in seinem Ferienhaus auf der Insel Krim festgehalten wurde.

fehlte der Bevölkerung an Grundnahrungsmitteln, sodass bald in den Kohlenrevieren eine große Streikwelle ausbrach, was die ohnehin schon schlechte wirtschaftliche Lage verschlimmerte.

In dieser Phase offenbarte sich auch die Bürde des Vielvölkerstaats. Blutige Auseinandersetzungen zwischen verschiedenen Nationalitäten, wie beispielsweise den Armeniern und Aserbaidschanern, kamen auf. Andere forderten die vollständige Loslösung ihrer Sowjetrepublik von der UdSSR. Auch die drei baltischen Sowjetrepubliken Estland, Lettland und Litauen forderten vehement die Wiederherstellung ihrer alten Unabhängigkeit. Gorbatschow weigerte sich jedoch, die Unabhängigkeitserklärungen der baltischen Unionsrepubliken Estland, Lettland und Litauen anzuerkennen, da er den Zerfall der UdSSR mit allen Mitteln verhindern wollte. Doch er provozierte damit letztlich nur eine Radikalisierung der nationalen Bewegungen. Weitere Republiken machten nun ebenfalls ihren Souveränitätsanspruch gegenüber der sowjetischen Zentralmacht geltend, da sie so bessere Chancen für einen Neuanfang sahen. Für sie hatten Gorbatschows Wirtschaft und Politik jegliche Glaubwürdigkeit verloren.

Nachdem in Lettland und Litauen sowjetische Militäreinheiten gegen Demonstranten vorgegangen waren, fand die demokratische Bewegung in der Person des im Juni 1991 frei gewählten Präsidenten der russischen Sowjetrepublik Boris Jelzin einen neuen Hoffnungsträger. In aller Öffentlichkeit verurteilte er das gewaltsame Vorgehen und erkannte die Souveränität der drei baltischen Staaten im Namen der Russischen Republik an. Während Jelzins Popularität in dieser Phase allmählich anstieg, verlor Gorbatschow seinen Rückhalt bei der Bevölkerung gänzlich.

Gorbatschows letzter Versuch, Anfang 1991 den Zerfall der Sowjetunion mit dem neuen Konzept der „Union Souveräner Staaten" zu verhindern, schlug fehl. Noch bevor es zur Unterzeichnung des neuen Unionsvertrages kommen sollte, putschten am 19. August 1991 konservative Kräfte gegen ihn. Gorbatschow und seine Frau Raissa wurden auf der Krim unter Arrest gestellt, während die Putschisten in Moskau das Parlamentsgebäude mit Panzern umstellten. In dieser Phase tat sich der russische Präsident Boris Jelzin als charismatischer Anführer hervor und forderte die Bevölkerung umgehend zum offenen Widerstand gegen die Putschisten und zum Generalstreik auf. Er konnte so die Mehrheit der Bevölkerung hinter sich bringen, sodass die konservativen Putschisten angesichts des breiten Widerstandes ihr Vorhaben nach zwei Tagen aufgaben.

Auch wenn Gorbatschow nach dem gescheiterten Putsch noch einmal als Präsident der UdSSR zurückkehren konnte, war das Ende seiner politischen Karriere bereits absehbar. Die alte Sowjetunion zerfiel schrittweise, bis sich am 8. Dezember 1991 die Sowjetrepubliken Russland, Ukraine und Weißrussland zur „Gemeinschaft Unabhängiger Staaten“ (GUS) zusammenschlossen. Zu ihnen stießen noch acht weitere Sowjetrepubliken: Armenien, Aserbaidschan, Turkmenistan, Tadschikistan, Kirgistan, Usbekistan, Kasachstan und Moldawien. Gemeinsam gründeten sie am 21. Dezember in der kasachischen Hauptstadt Alma Ata schließlich die GUS. Gleichzeitig setzten diese elf der insgesamt ehemals fünfzehn Sowjetrepubliken den sowjetischen Präsidenten Michail Gorbatschow ab. Dieser gab daraufhin am 25. Dezember seinen Rücktritt bekannt. Als am 31. Dezember 1991 die rote Fahne mit Hammer und Sichel vom Dach des Kreml in Moskau eingeholt wurde, hörte die Sowjetunion auf zu existieren.

Nach dem Putsch verlor Gorbatschow zusehends an Macht. Der russische Präsident Boris Jelzin forderte ihn öffentlich heraus und beschloss schließlich mit den anderen Republiken den Austritt aus der Sowjetunion. Damit hörte die UdSSR auf zu existieren.

Die Welt nach dem Kalten Krieg

Der Kalte Krieg endete abrupt und nicht so, wie er begonnen hatte, mit einem Vorlauf. Möglich gemacht hatten das die Menschen Osteuropas, die unentwegt an den Demokratisierungsprozess glaubten und die Diktatoren Osteuropas überwanden. Mit der Rücknahme der Breschnew-Doktrin handelte in der Sowjetunion mit Gorbatschow ein besonnener Politiker, der den Völkern Osteuropas letztlich erst die Möglichkeit einräumte, über sich selbst zu bestimmen. Im Ausland wurde Gorbatschow deshalb immer sehr verehrt. Zu Hause jedoch wurde auch er gestürzt, was das Ende der Sowjetunion bedeutete.

Mit dem Ende der Sowjetunion galt nun auch der Kalte Krieg als endgültig beendet. Dennoch blieb bis in die Gegenwart ein russisch-amerikanischer Dualismus, der vor allem daraus resultierte, dass Russland im Gegensatz zu den anderen Warschauer-Pakt-Staaten nicht in das Bündnissystem des Westens aufgenommen wurde. Die übrigen Staaten des Ostblocks wurden durch die NATO-Osterweiterung Teil des westlichen Verteidigungsbündnisses und, wie in Helmut Kohls „Zehn-Punkte-Programm" zur deutschen Einheit vorgeschlagen, in den europäischen Einigungsprozess mit einbezogen.

Diese Politik sah vor allem ein einheitliches sowie wirtschaftlich und politisch stabiles Europa vor. Der Krieg in Jugoslawien, das während des Umbruchs in mehrere Einzelstaaten zerfiel, gefährdete dieses europäische Bestreben und fand erst mit dem Angriff der NATO auf Serbien 1998 ein Ende.

Für die Vereinigten Staaten bedeutete das Ende des Kalten Krieges den Verlust eines Gegenspielers, an dem sich die eigene Politik ausrichten konnte. Reagan hatte die Sowjetunion als das „Reich des Bösen" bezeichnet. Als ein solches galten zuvor das nationalsozialistische Deutschland, Japan und in gewisser Weise auch die nordamerikanischen Indianer. Die Außenpolitik der USA als letzter verbleibender Supermacht richtete sich nach den Anschlägen vom 11. September 2001 dann auf das islamische Terrornetzwerk sowie auf die von US-Präsident George W. Bush als „Achse des Bösen" bezeichneten Staaten Irak, Iran und Nordkorea als ihre neuen Gegenspieler.

Interessanterweise spielen die übrigen kommunistischen Staaten, Vietnam und Kuba, die den Kalten Krieg überlebt hatten, bis auf China eine eher untergeordnete Rolle. China und Nordkorea hingegen führen auf unterschiedlichen Ebenen und mit unterschiedlichen Methoden den ursprünglichen Systemkonflikt zwischen sozialistischer Planwirtschaft und Demokratie mit Marktwirtschaft bis heute fort.

Karte 3: Wie nach jedem größeren, weltweiten Konflikt sah auch die Weltkarte nach dem Kalten Krieg anders aus als davor: Deutschland war vereint, die Staaten Osteuropas konnten dem Einfluss der nun neu formierten Russischen Föderation entfliehen und die letzten Länder der sog. Dritten Welt strebten die Unabhängigkeit an.

Die Welt im Kalten Krieg

Oben: Sie thronte über dem Kalten Krieg und war sowohl die absolute Waffe wie auch Friedensgarant: die Atombombe. Ihre Existenz verhinderte den Ausbruch eines „heißen Krieges" zwischen den beiden Systemen, der eine enorme Zerstörung der Erde mit sich gebracht hätte.

Die beiden Supermächte besaßen im Kalten Krieg die militärischen Mittel, sich gegenseitig auszulöschen – auch nach einem Erstschlag einer der beiden Seiten. Dennoch ging es stets nicht nur ums Überleben, es ging auch darum, welche Organisationsform die beste für die menschliche Gesellschaft darstellte. Um dies zu demonstrieren, weitete sich der Kalte Krieg in alle Ebenen der Gesellschaft, Wissenschaft und Technologie aus.

Die Atombombe

Wahrscheinlich geht der Ausdruck „Atombombe" auf den im Jahr 1914 erschienen Roman „The World Set Free" zurück, in dem H. G. Wells von einer „atomic bomb" schrieb. Als schließlich in den 1940er-Jahren tatsächlich eine nukleare Waffe entwickelt wurde, hatte sich der ursprünglich literarische Begriff in der Öffentlichkeit bereits festgesetzt und wurde auf die neue Waffe übertragen, die ab Sommer 1945 einsatzbereit war.

US-Präsident Harry S. Truman weilte zu dieser Zeit auf der Konferenz von Potsdam und beriet sich gerade mit dem obersten Sowjet Josef Stalin sowie dem britischen Premierminister Winston S. Churchill beziehungsweise dessen Nachfolger Clement Attlee, als er am 16. Juli 1945 die Nachricht *Baby is born* erhielt. Dieser Code unterrichtete ihn über den ersten erfolgreichen Atombombentest in der Wüste von New Mexico. Die Vereinigten Staaten waren nun, als erste und einzige Nation der Welt, im Besitz der ultimativen Waffe. Der Atombombentest übertraf die Erwartungen von Politik, Militär und Wissenschaft. Die Bombe besaß dieselbe Zerstörungskraft wie 20.000 Tonnen gewöhnlicher Sprengstoff, und ihre

Links: Mit der Mondlandung am 21. Juli 1969 entschieden die Vereinigten Staaten den Wettlauf zum Mond für sich. Das sowjetische Mondprogramm wurde daraufhin eingestellt.

Explosion war im Umkreis von 300 Kilometern zu sehen. Winston Churchill, der früh von Truman informiert worden war, frohlockte und sah durch die Existenz der Bombe ein Ende des Krieges im Pazifik in greifbarer Nähe.

Wenige Tage später, am Abend des 24. Juli 1945, unterrichtete Truman den reglos zuhörenden Stalin über die Atombombe der USA. Der Präsident hatte gehofft, dass er damit Druck auf die UdSSR ausüben und somit einen Vorteil in den Verhandlungen erreichen könne. Doch Truman täuschte sich. Durch seine Spione, unter anderem durch den deutsch-britischen Kernwaffentechniker Klaus Fuchs, war Stalin bestens über den Fortschritt der Amerikaner unterrichtet, sogar besser als der amerikanische Präsident selbst. Intern äußerte sich Stalin: „Truman will Druck auf mich ausüben. (...) Seine Haltung ist besonders aggressiv gegenüber der Sowjetunion." Doch Stalin beschloss, sich von der amerikanischen Machtdemonstration nicht einschüchtern zu lassen. Er reagierte äußerlich gelassen, dennoch wusste er sehr genau, was der Einsatz der Atombomben bedeuten würde. Wenn die USA als alleinige Weltmacht die Atombombe besitzen würden, könnten sie damit Druck auf jeden Staat der Welt ausüben – auch auf die Sowjetunion. Noch in derselben Nacht gab er den Befehl, den Bau einer sowjetischen Bombe, an der seit 1943 gearbeitet wurde, zu beschleunigen.

Die Friedensglocke im Friedenspark von Hiroshima soll als Mahn- und Denkmal an die Opfer des ersten Atombombenabwurfs am 6. August 1945 erinnern. Besucher des Parks können die Glocke selbst läuten und damit ihrem Wunsch nach Weltfrieden Ausdruck verleihen.

Als Truman Stalin von der Existenz der Bombe in Kenntnis setzte, war sein Entschluss, die Atombombe gegen Japan einzusetzen, längst gefasst. Die ersten Anzeichen einer möglichen Kapitulation Japans ignorierte er genauso wie das Anraten von General Eisenhower, die Bombe nicht einzusetzen. Truman wollte der Welt die Stärke der Vereinigten Staaten beweisen. Einen Tag später, am 25. Juli 1945, gab er offiziell den Befehl zum Abwurf der Atombombe, die verharmlosend „Little Boy" genannt wurde, über der japanischen Stadt Hiroshima, der am 6. August 1945 um 8:15 Uhr Ortszeit erfolgte. Bei dieser

Der Deutsche Klaus Fuchs war als Kernphysiker am Manhattan Project zum Bau einer Atombombe beteiligt. Er lieferte zusammen mit anderen wichtige Informationen zum Bau der Atombombe an die Sowjetunion. 1959 wurde er begnadigt und siedelte selbst in den Ostblock über.

Detonation starben etwa 100.000 Menschen sofort und weitere 50.000 Menschen in den darauffolgenden Wochen an den Folgen der Strahlung.

Einen Tag später informierte Truman auf dem Rückweg von der Potsdamer Konferenz die Weltöffentlichkeit über den Abwurf der ersten Atombombe und forderte die Japaner zur sofortigen Kapitulation auf. Die japanische Regierung konnte sich nicht sofort auf eine bedingungslose Kapitulation einigen, da sie selbst Schwierigkeiten hatte, sich über das Ausmaß des Angriffs auf Hiroshima zu informieren. Ferner hofften die Japaner auf eine Friedensinitiative vonseiten der UdSSR. Am 8. August erklärte Stalin Japan den Krieg und marschierte in der Mandschurei ein. Die Kriegserklärung erreichte die japanische Regierung in Tokio nicht, auch gab es keinerlei Vorwarnungen der US-Amerikaner, und so kam es am 9. August zum Atombombenabwurf über Nagasaki, bei dem nochmals 36.000 Menschen sofort sowie weitere 40.000 an den Folgen starben. Der japanische Kaiser Hirohito gab am 15. August schließlich die Kapitulation bekannt.

Die Atombombe beendete den Zweiten Weltkrieg. Doch ihre enorme Zerstörungskraft thronte in den nächsten Jahrzehnten über dem Geschehen des Kalten Krieges – und ließ beide Seiten vor einer direkten kriegerischen Konfrontation zurückschrecken, die einen atomaren Krieg mit sich gebracht und weite Teile der Erde zerstört hätte.

Nach dem Bombenabwurf der Amerikaner verstärkten die Briten und Sowjets ihre Bemühungen, ebenfalls in den Besitz atomarer Waffen zu kommen. Die Sowjetunion zündete am 29. August 1949 bei einem Testversuch ihre erste Atombombe, die sie mithilfe der Informationen des deutsch-britischen Atomphysikers Klaus Fuchs entwickelt hatte, der am amerikanischen *Manhattan Project* mitgearbeitet hatte, und der Meinung war, dass es zu gefährlich sei, wenn nur eine Seite im Besitz der Atombombe wäre. Großbritannien gelang erst am 2. Oktober 1952 ein erfolgreicher Atombombentest. Damit waren beide Seiten überbewaffnet und besaßen ein Arsenal, das die Erde im Zeitalter des Kalten Krieges gleich mehrfach hätte verwüsten und zerstören können. Mit diesem Bewusstsein handelten die führenden Politiker und Staatsoberhäupter des Kal-

Karte 4:
Die Bewegung der blockfreien Staaten wird im Sprachgebrauch unscharf auch als „Dritte Welt" bezeichnet. Sie traten gegen die Aufrüstung ein und wollten sich nicht in den Ost-West-Konflikt hineinziehen lassen.

Die blockfreien Staaten
JAPAN
VR CHINA
TAN
4
TAN
NEPAL
5
INDIEN
BIRMA
LAOS
THAILAND
VIETNAM
6
PHILIPPINEN
CEYLON
Pazifischer Ozean
Indischer Ozean
INDONESIEN
Bandung
ilnehmerstaaten der Konferenz
Bandung (Java) vom 19. bis 24.4.1955
eltkonferenz blockfreier Staaten in
elgrad vom 1. bis 6.9.1961
© Theiss Verlag/Peter Palm

Der preußische Stratege Carl von Clausewitz hatte einmal gesagt, dass Krieg nicht das zerstören sollte, was er verteidige. Als Truman die Erlaubnis zum **Bau der Wasserstoffbombe**, auch H-Bombe genannt, gab, wurde genau das diskutiert. Schließlich entschied sich der Präsident für den Bau. Die Wasserstoffbombe sollte nie eingesetzt werden, aber – genau wie die Atombombe – einen psychologischen Effekt der Abschreckung auf den Gegner ausüben. Letztlich sollte somit auch verhindert werden, dass die Gegenseite künftig vielleicht alleine im Besitz einer solchen Bombe sein könnte und ihrerseits psychologischen Druck ausüben konnte.

ten Krieges mit Bedacht und ließen keine offene Auseinandersetzung beider Seiten zu. Sie führten den Krieg „kalt".

Die Atombombe veränderte die Natur der Kriegsführung grundlegend. Fortan waren nicht mehr nur Fronten, sondern auch Nachschublinien und Stadtzentren sowie Industriekomplexe – weit entfernt von der eigentlichen Kampfeslinie – gefährdet. Das nächste Schlachtfeld konnte nun überall sein. Am deutlichsten wird die Veränderung der Kriegsführung in der Haltung von US-Präsident Truman nach den Atombombenabwürfen über Hiroshima und Nagasaki. Er hatte mit einem einzigen Befehl mehr zerstört, als jeder andere Mensch vor und nach ihm. Bis zu seinem Lebensende beteuerte er, wie sehr er unter diesem Befehl gelitten habe. Unter dem Druck dieser Verantwortung machte Truman eine außergewöhnliche Veränderung durch. Denn er kehrte das Prinzip, dass einmal erbaute Waffen auch eingesetzt werden, welches bislang für alle Waffen, Kriege und Feldherrn galt, um. Andererseits war dem Westen klar, dass Stalin unter den Voraussetzungen, die vor der Entwicklung der Atombombe galten, auch den Rest Europas vereinnahmt hätte. Spätestens nach der Testzündung der ersten Wasserstoffbombe 1954 erkannten beide Seiten, dass ein Atomkrieg nicht geführt werden dürfe, da er die Vernichtung dessen beinhaltete, was verteidigt werden sollte. Trotz dieser Erkenntnis sahen beide Seiten nicht davon ab, der jeweils anderen Seite mit ihrem Atomwaffenarsenal zu drohen.

Die Organisation der blockfreien Staaten

Parallel zu den zwei sich „bekriegenden" Systemen aus Ost und West entstand eine „Dritte Welt" aus Staaten, die sich nicht in den Systemkonflikt hineinziehen lassen wollten, sich aber dennoch durch die Supermächte und ihre Blöcke bedroht fühlten. Sie gründeten die Organisation der blockfreien Staaten, die aus Staaten bestand, die keinem Militärblock angehörten und sich im Ost-West-Konflikt neutral verhielten.

Das Manhattan Project

Die Bemühungen der Vereinigten Staaten, eine atomare Waffe zu bauen, wurden ab 1942 unter dem Decknamen „Manhattan Engineer District (MED)" zusammengefasst, das später als Mahattan Project bekannt wurde. Die militärische Leitung des Projekts lag in den Händen von General Leslie R. Groves, die Forschungsarbeiten wurden von dem amerikanischen Physiker J. Robert Oppenheimer geleitet. Sie sollten unter optimalen Forschungsbedingungen den anderen Mächten zuvorkommen, sodass die USA gegen Ende des Zweiten Weltkrieges als einzige Weltmacht die Atombombe besitzen würden.

Spätestens in der Zwischenkriegszeit erlangte die Atomphysik internationale Bedeutung, wobei sich die USA nicht zuletzt durch die vielen Flüchtlinge aus Europa, unter ihnen Albert Einstein, eine Vormachtstellung erarbeiteten. Überall im Land entstanden Forschungseinrichtungen, die an der Separierung von Uran, der Durchführbarkeit von Kernexplosionen und der Herstellung von Plutonium arbeiteten. Einstein war es auch, der Präsident Franklin D. Roosevelt darauf hinwies, dass auch das Dritte Reich den Bau einer Atombombe forcierte. Als in Europa bereits der Zweite Weltkrieg tobte, traf sich Oppenheimer mit einer Reihe von Experten im Sommer 1942 zu einer längeren Forschungskonferenz, deren Resultate den theoretischen Unterbau für die Konstruktion einer ersten Atombombe bildeten. General Leslie R. Groves erhielt am 16. September 1942 das militärische Oberkommando für das Projekt. Damit begann das Manhattan Project nahe der Stadt Los Alamos in der Wüste von New Mexico unter größter Geheimhaltung. Unter der Leitung von Robert Oppenheimer wurden viele Atomphysiker und andere Wissenschaftler an dem Projekt beteiligt, sodass zwischenzeitlich über 100.000 Forscher und Techniker am Bau der Atombombe arbeiteten.

Nachdem im Mai 1945 der Krieg in Europa beendet war, stellte sich zudem heraus, dass die Forschungen des Dritten Reichs nicht so weit vorangeschritten waren, wie Roosevelt zunächst befürchtet hatte. Doch der Krieg im Pazifik tobte weiter. Während der Potsdamer Konferenz fand schließlich am 16. Juli 1945 der Trinity-Test, der erste erfolgreiche Atombombentest, statt. Das Ergebnis des Testes wurde sofort an Präsident Truman weitergeleitet, der sich dadurch in den Verhandlungen gegenüber Stalin überlegen fühlte. ■

Zu Beginn dieser Bewegung luden der indische Ministerpräsident Nehru und der jugoslawische Präsident Tito im Jahr 1955 Stellvertreter aus 23 Ländern – hauptsächlich ehemalige Kolonien aus Asien und Afrika – zu einem internationalen Treffen nach Indonesien ein. Alle Teilnehmer gehörten weder dem westlichen noch dem östlichen Bündnis an. Auf dieser „Konferenz von Bandung" taten sich vor allem die Regierungschefs der Länder Indien (Nehru), Ägypten (Nasser) und Indonesien (Sukarno) als Sprachrohr der späteren blockfreien Staaten – oder im deutschen Sprachgebrauch: der sogenannten Dritten Welt – hervor.

Sie unterzeichneten eine Resolution, in der sie jede Form von Kolonialismus und Rassendiskriminierung verurteilten und die Beachtung der Charta der Vereinten Nationen forderten. Weiter sprachen sie sich für den Abbau der Spannungen zwischen Ost und West sowie für eine allgemeine Abrüstung und ein Verbot von Atomwaffen aus.

Aus dieser Initiative bildete sich Anfang der 1960er-Jahre die Bewegung der blockfreien Staaten heraus, die sich schließlich auf ihrer ersten Gipfelkonferenz vom 1. bis 6. September 1961 in Belgrad konstituierte. Immerhin vertraten die blockfreien Staaten 55 Prozent der Weltbevölkerung, hielten zwei Drittel der UNO-Sitze und waren so gegenüber dem Westen wie dem Osten in der Überzahl. Das gemeinsame Ziel aller Mitgliedsstaaten war die Gleichberechtigung untereinander sowie die Weiterentwicklung der Wirtschaft der Mitgliedsländer. Schließlich gab ihnen die Organisation eine gemeinsame Stimme, mit der sie das Wettrüsten der Konfliktparteien aus Ost und West verhindern wollten, da sie um die eigene Existenz durch einen möglichen Dritten Weltkrieg fürchteten. Sie setzten sich daher für die friedliche Koexistenz der unterschiedlichen Systeme und Nationen ein.

Später wurde die Politik der Blockfreien zunehmend erschwert. Immer mehr Mitglieder traten ihrer Organisation bei und erhöhten die Bürokratie, beziehungsweise erschwerten das einheitliche Auftreten der Blockfreien.

Auch drei europäische Staaten befanden sich unter den Mitgliedern: Jugoslawien, Zypern und Malta. Während die jugoslawischen Staaten nach dem Zerfall Jugoslawiens nicht weiter Mitglieder der blockfreien Bewegung waren, traten Malta und Zypern aus der Organisation aus, um Mitglieder der Europäischen Union zu werden.

Friedliche Koexistenz

Der Begriff der „friedlichen Koexistenz" ist älter als der Kalte Krieg und deutet darauf hin, dass schon bald nach der Oktoberrevolution in Russland international die Unterschiedlichkeit der Systeme und ihr Wettbewerb beziehungsweise Klassenkampf untereinander wahrgenommen wurde. Zum ersten Mal ist der Begriff für den 10. April 1922 nachweisbar. An diesem Tag hatte der Leiter der sowjetischen Delegation während der Konferenz von Genua, Georgi Wassiljewitsch Tschitscherin, die internationale Zusammenarbeit im Bereich Wirtschaft als „die Möglichkeit einer parallelen Koexistenz zwischen der alten und der entstehenden neuen Ordnung" bezeichnet.

Nach der sowjetischen Expansion nach dem Zweiten Weltkrieg und dem Tod Stalins änderte sich der außenpolitische Kurs der Sowjetunion. Der neue sowjetische Parteichef Nikita Chruschtschow strebte vor allem eine Neudefinition des Verhältnisses zu den USA an. Er bemühte wieder den Begriff der friedlichen Koexistenz zwischen Staaten mit unterschiedlicher sozialer Struktur und Wirtschaft. Damit stellte er sich in die Tradition von Tschitscherin und holte sich damit die Legitimation Lenins, da der Begriff vor Stalins Aufstieg geprägt worden war. Chruschtschows neuer außenpolitischer Grundsatz wurde daraufhin am 24. Februar 1956 von dem XX. Parteitag der KPdSU bestätigt. Er sollte als Grundlage zur Verbesserung der außenpolitischen Ziele, der internationalen Zusammenarbeit und Festigung des Vertrauens in die Sowjetunion dienen. Der Grundsatz der friedlichen Koexistenz darf nicht darüber hinwegtäuschen, dass die Sowjetunion dennoch auf allen Gebieten – außer bei kriegerischen Auseinandersetzungen – die Ausbreitung des Kommunismus als ihre grundlegende Aufgabe verstand.

Den Unterschied zwischen Frieden und friedlicher Koexistenz erläuterte Chruschtschow auf dem XXII. Parteitag der KPdSU im Jahr 1961. Er betonte dabei, dass die friedliche Koexistenz „kein provisorischer labiler Waffenstillstand zwischen Kriegen" sei. Doch zu einer friedlichen Koexistenz müsse die Sowjetunion militärisch gerüstet sein. So könne sie den Frieden erhalten. Denn es stünden sich zwei grundsätzlich entgegengesetzte Gesellschaftssysteme gegenüber, die zwar darauf verzichten, gegeneinander Krieg zu führen, dies beidseitig aber auch nur durch Aufrüstung verhindern können.

Das Parteiblatt der KPdSU, die *Prawda*, beschrieb die friedliche Koexistenz in ihrer Ausgabe vom 18. Oktober 1961 und erweiterte die Definition um die politisch-ideologische Komponente: „Das Prinzip der friedlichen Koexistenz umfasst nicht nur das Gebiet der Außenpolitik, sondern auch die Sphäre der Wirtschaftsbeziehungen mit dem Ausland (...) Wir sind überzeugt, dass die sozialistische Ordnung letzten Endes überall den Sieg davontragen wird."

Auch nach dem Sturz von Nikita Chruschtschow im Jahr 1964 hielten seine politischen Nachfolger weiterhin am Prinzip der friedlichen Koexistenz fest. Die alle fünf Jahre stattfindenden Parteikongresse der KPdSU in den Jahren 1966, 1971, 1976 sowie letztmals 1981 bestätigten immer wieder die friedliche Koexistenz als Grundsatz der sowjetischen Außenpolitik.

Das Gleichgewicht des Schreckens

Als das „Gleichgewicht des Schreckens" bezeichnete man im Kalten Krieg die Situation, in der eine Nuklearmacht vom Ersteinsatz von Nuklearwaffen dadurch abgehalten wird, dass der Angegriffene selbst nach einem nuklearen Erstschlag noch vernichtend zurückschlagen konnte. Das Konzept des „Gleichgewichts des Schreckens" wurde von US-Verteidigungsminister Robert McNamara geprägt und wurde auch unter den Begriffen „garantierte gegenseitige Zerstörung" und „nukleare Abschreckung" bekannt.

Die Grundannahme dieser Doktrin besteht darin, dass keine Seite so irrational handeln und für die Vernichtung des Gegners auch die Vernichtung des eigenen Landes in Kauf nehmen würde. Die Kontrahenten würden auf einen atomaren Erstschlag verzichten, wenn der Gegner danach noch die Möglichkeit eines Gegenschlages hätte. Auf der Grundlage dieses Gedankenganges baute sich ein zwar spannungsgeladener, aber dennoch stabiler Frieden auf.

Um die Doktrin umsetzen zu können, mussten alle potenziellen Kontrahenten eine hohe Kapazität an Atomwaffen besitzen, sodass sie auch nach dem Erstschlag gegen ihr Land und der damit verbundenen Zerstörung eines großen Teiles der eigenen Atomwaffen noch über genügend Atomwaffen verfügten, die zur völligen Zerstörung des Angreifers ausreichen würden. In diesem Zusammenhang war es wichtig, Atomwaffen zu besitzen, die schwierig zu orten und zu vernichten waren. Daher gewannen gerade Atom-U-Boote an Bedeutung.

Doch die USA änderten zu Beginn der 1980er-Jahre ihre Strategie. Am 25. Juli 1980 sprach US-Präsident Jimmy Carter in der *Presidential Directive* 59 von einer „Ausgleichsstrategie". Das erklärte Ziel der US-Planer war es fortan, einen möglichen Nuklearkrieg gewinnen zu können. Die Nuklearsprengköpfe waren nun nicht mehr länger auf die sowjetische Bevölkerung, sondern auf die Führungsschicht sowie auf militärische Ziele ausgerichtet.

Auch der nächste US-Präsident, Ronald Reagan, führte diese Zielrichtung fort und rief die Idee der *Strategic Defense Initiative* (SDI) ins Leben, die das „Gleichgewicht des Schreckens" durch eine neue Strategie der amerikanischen Überlegenheit ersetzen sollte. Durch den Aufbau einer umfassenden Raketenabwehr sollten die USA vor Angriffen oder Gegenschlägen aus der Sowjetunion fortan geschützt sein, wobei sie ihre eigene Erstschlagskapazität aber behalten würden.

Spione und Spionage

Spione und Spionage gab es wahrscheinlich, seit es Kriege gibt. Zum ersten Mal in der Geschichte erwähnte der Chinese Sunzi um 500 v. Chr. in seinem Werk „Kunst des Krieges" die Spionage als eine von insgesamt 13 Maßnahmen zur Kriegsführung. Seither haben Spione und Spionage einen erheblichen Einfluss auf den Verlauf der bisherigen Geschichte gehabt. Doch im Kalten Krieg kam ihnen eine besondere Bedeutung zu, da ihre verdeckten Operationen dem Wesen des Kalten Krieges entsprachen. Informationen über die Gegenseite und Sabotageakte haben in Kriegszeiten einen hohen Wert, doch im Kalten Krieg – ohne direkte Konfrontation der beiden Seiten – waren sie für das Vorantreiben des Konflikts essenziell.

In diesem Zusammenhang kommt Deutschland eine besondere Rolle zu, da sich an der deutsch-deutschen Grenze beide Lager direkt gegenüberstanden. So waren die BRD und West-Berlin Ausgangspunkt für viele verdeckte Operationen gegen den Warschauer Pakt. Die DDR war dabei für die Spione aus dem Westen ein ganz besonderes Aktionsfeld. Diese besondere Rolle lässt sich alleine daran erkennen, dass jeder westliche Geheimdienst eine Außenstelle in West-Berlin hat-

Der Checkpoint Charlie war einer der bekanntesten Berliner Grenzübergänge durch die Berliner Mauer zwischen 1961 und 1990. Hier standen sich am 27. Oktober 1961 sowjetische und amerikanische Panzer zum Angriff bereit gegenüber.

Checkpoint Charlie war und ist bis heute der bekannteste Grenzübergang von Ost nach West in Berlin. Er steht symbolisch für die angespannte Atmosphäre des Kalten Krieges, an der sich die Weltmächte im Oktober 1961 sogar mit Panzern gegenüberstanden. Er ist in der Erinnerung auch ein Ort, über den Agenten in geheimnisvoller Weise den Eisernen Vorhang überwinden und Informationen auf die andere Seite schmuggeln konnten.
Checkpoint Charlie war einer von drei Punkten, die von den Amerikanern kontrolliert wurden. Daneben existierten der Checkpoint Alpha in Helmstedt-Marienborn sowie der Checkpoint Bravo in Dreilinden-Drewitz. Der Übergang durfte nur von Ausländern und Mitarbeitern der Ständigen Vertretung der BRD in der DDR sowie von DDR-Funktionären benutzt werden. Heute ist der Checkpoint Charlie eine der bekanntesten Sehenswürdigkeiten des Kalten Kriegs in Berlin. Ganz in seiner Nähe befindet sich das Mauermuseum.

te. Aber auch umgekehrt startete der KGB wie auch die anderen Geheimdienste der Mitgliedsstaaten des Warschauer Paktes häufig in der DDR, wobei für sie die Bundesrepublik zum Austragungsort spezieller Operationen wurde.

Mit den Besatzungsmächten kamen nach dem Ende des Weltkrieges auch die Nachrichtendienste aller Streitkräfte nach Deutschland und bildeten dort parallel zu den militärischen Organisationen ihre Strukturen aus.

Noch 1945 kam es zu einem ersten großen Coup, als Igor Gouzenko von der Sowjetunion zur USA überlief. Durch ihn und weitere Überläufer konnten zehn Spione in Kanada und den USA entdeckt werden, darunter der Atomphysiker Klaus Fuchs. Aufgrund der Spione in den eigenen Reihen zeigten sich die USA zunächst entrüstet und verschärften danach ihre Geheimdienstoperationen. 1945 wurde die *United States Army Security Agency* (ASA) und zwei Jahre später die *Cen-*

tral Intelligence Agency (CIA) gegründet und somit die Spionageabwehr intensiviert.

Landesweit machte sich eine große Furcht vor kommunistischen Elementen in der amerikanischen Gesellschaft breit. Die Hetzjagd, die Senator Joseph R. McCarthy, ein Republikaner aus Wisconsin, daraufhin veranstaltete, galt nicht nur den sowjetischen Spionen, die zweifelsohne in der amerikanischen Gesellschaft lebten, sondern auch Künstlern, Intellektuellen und Beamten, die McCarthy verdächtig erschienen. In diesem Zusammenhang wurden auch die Eheleute Ethel und Julius Rosenberg wegen Atomspionage inhaftiert und in einem umstrittenen Prozess zum Tode verurteilt.

Auch für die Gegenseite wurde die Geheimdiensttätigkeit wichtiger, sodass die UdSSR 1954 den *Komitet Gosudarstwennoje Besopasnosti* (KGB) gründete, der auch Residenzen in der DDR wie in der Bundesrepublik anlegte. Bereits drei Jahre später, am 21. Juni 1957, ging dem amerikanischen Geheimdienst Rudolf Abel, einer der berühmtesten KGB-Spione ins Netz. Er hatte in den letzten Jahren ein weitverzweigtes Netzwerk in den USA aufgebaut und lieferte damit dem KGB wichtige Erkenntnisse über die Gegenseite.

Der britische Geheimdienst *Secret Service Intelligence* (SIS) ist besser bekannt unter dem Namen **MI-6**. Er wurde bereits im 16. Jahrhundert von Sir Francis Walsingham gegründet, der es mit seinem ausgeklügelten Spionagenetzwerk schaffte, mehrere Attentate auf Königin Elisabeth I. zu vereiteln. Das wahre Ausmaß der Aktivitäten des MI-6 im Kalten Krieg ist größtenteils unbekannt.
Allerdings gehen verschiedene verdeckte, politische Einflussnahmen auf die Zusammenarbeit von CIA und MI-6 zurück: der Sturz des iranischen Premierministers Mohammed Mossadegh, der Staatsstreich gegen Patrice Lumumba im Kongo 1961 und die Herbeiführung eines internen Konflikts zwischen libanesischen paramilitärischen Gruppen in den 1980er-Jahren.

Auch während der Kubakrise griffen Agenten in das Geschehen ein. Oberst Oleg Penkowski, der bereits 1961 der CIA und dem britischen Geheimdienst MI-6 wertvolle Informationen geliefert hatte, informierte den Westen über Chruschtschows Bereitschaft nachzugeben. Mit dieser Information im Rücken konnte der amerikanische Präsident Kennedy seine harte Linie gegenüber der Sowjetunion aufrechterhalten und so die Lösung des Konfliktes ermöglichen. Doch Penkowski wurde im Herbst 1962 enttarnt und wegen Hochverrats zum Tode verurteilt.

Ab den 1960er-Jahren wurden verstärkt Satelliten zur Aufklärung eingesetzt. Sie hatten zwar nur eine begrenzte Lebensdauer, doch die Qualität ihrer Aufnahmen war bereits so gut, dass zwei Meter große Gegenstände gut erkannt werden konnten. 1976 wurde mit dem Satellit „KH-11

Sein Name wurde zum Synonym für die aufsehenerregendste Spionageaffäre in der deutschen Geschichte: Günter Guillaume. Als Spitzel der Stasi stieg er zu einem der engsten Vertrauten von Bundeskanzler Willy Brandt auf. Brandt trat daraufhin noch vor der nächsten Bundestagswahl zurück.

Kennan“ die elektronische Datenverarbeitung eingeführt. Den Satelliten dieser Generation war es bereits möglich, Gegenstände von 5 cm Größe zu erkennen. Zudem ermöglichte die Satellitentechnik die schnelle Übertragung von Daten und eine neue Methode, Telefonate und Funkverbindungen abzuhören.

Der weitreichendste Spionagefall in Deutschland war die Affäre um Günter Guillaume, der es im Auftrag des Ministeriums für Staatssicherheit (MfS) Anfang der 1970er-Jahre bis zum Assistenten von Bundeskanzler Willy Brandt brachte. Am 24. April 1974 wurde Guillaume öffentlich enttarnt, verhaftet und danach zu 13 Jahren Gefängnis verurteilt. Guillaume lieferte unzählige Details aus dem Kanzleramt in die DDR, darunter auch die Information, dass die Ostpolitik Brandts durchaus ernst gemeint war. Da durch Guillaumes Spionagetätigkeit bereits zu viele prekäre Details über Brandts Privatleben an die Öffentlichkeit gedrungen waren, die eine Wiederwahl unmöglich gemacht hätten, war der Sturz des Bundeskanzlers unvermeidlich. Zugunsten Helmut Schmidts trat er vom Amt des Regierungschefs zurück.

Nationale Symbolik

Seit dem 18. und 19. Jahrhundert entstanden in Europa die großen Nationalstaaten. Doch erst im 20. Jahrhundert, vor allem in der Zeit des Kalten Krieges, legten sie sich Attribute zu, die für die staatliche Repräsentation und den Kampf der Systeme wichtig waren. Staaten und Bündnisse erhielten Symbole, Flaggen und neue Namen, die ihre Bündniszugehörigkeit unterstrichen, nach innen Identität stifteten und nach außen Stärke und Überlegenheit ausstrahlten. Dies war von besonderer Wichtigkeit, da sich seit Beginn des 20. Jahrhunderts nichtstaatliche, nationale Verbände gründeten, die sich in internationalen Dachverbänden organisierten. Gerade im Bereich Sport traten dadurch die Nationen in einen direkten Wettkampf miteinander.

Vor allem die Propaganda des Ostblocks zog eine vereinheitlichte transnationale Symbolik mit ikonografischen Elementen des Sozialismus mit sich, die bereits durch die Bolschewiken etabliert worden waren. Rote Fahnen, Zirkel, Hammer und Sichel bestimmten Rituale und Festlichkeiten des Warschauer Paktes und demonstrierten nach außen Geschlossenheit und Stärke. Die intensive Sportförderung der Staaten des Warschauer Paktes und der Vereinigten Staaten ist vor allem damit zu erklären, dass sie bei den Olympischen Spielen die Weltklasse-Leistungen ihrer Sportler in allererster Linie unübersehbar mit den nationalen Symbolen verbinden und so vor der versammelten Weltöffentlichkeit ihren Sieg und damit ihre Überlegenheit demonstrieren konnten.

In Deutschland war dies keinesfalls anders – und sogar noch etwas komplizierter, da beide deutsche Staaten in direktem Wettbewerb um die eigenen nationalen Symbole standen. Zudem hatten beide Seiten eine schwere Hypothek zu tragen, da sie sich bewusst waren, welchen Missbrauch die Nationalsozialisten mit der Nation und nationalen Symbolen betrieben hatten. Bereits 1949 entschied sich der Parlamentarische Rat der Bundesrepublik für die Farben Schwarz-Rot-Gold, da diese Farben den politischen Forderungen nach Einheit und Demokratie des 19. Jahrhunderts entstammten und bereits von der Weimarer Republik als demokratischer Gegenentwurf zur schwarz-weiß-roten Flagge des Kaiserreichs herangezogen wurden.

In der Zeit des Kalten Krieges spielten nationale Symbole und damit verbundene Rituale eine bedeutende Rolle. So unterstrichen beide deutsche Staaten ihren Anspruch auf die Alleinvertretung Deutschlands mit den demokratischen Farben Schwarz-Rot-Gold aus der Weimarer Republik und der Demokratiebewegung des 19. Jahrhunderts.

Als die DDR 1959 die schwarz-rot-goldene Flagge mit Hammer und Zirkel versah, rollte durch die Bundesrepublik eine Welle der Entrüstung. Die Regierung unter Bundeskanzler Adenauer debattierte heftig darüber, wie mit der „Spalterfahne“ umzugehen sei. Man befürchtete, dass eine widerspruchslose Duldung einer stillschweigenden Anerkennung der staatlichen Souveränität der DDR gleichkäme. Die Diskussion um die

Anerkennung der nationalen Symbole begleitete die deutschen Staaten bis zu ihrer Aufnahme in die Vereinten Nationen 1972.

Parallel dazu drängte die DDR auf die internationale Bühne des Sports, um sich dort mit sportlichen Höchstleistungen als souveräner Staat zu präsentieren. Im Gegenzug arbeiteten die Bundesregierung und das Auswärtige Amt darauf hin, den internationalen Repräsentationsraum der DDR möglichst eng zu halten. Dazu gehörte es, die gleichberechtigte Aufnahme der DDR in die olympische Welt zu verhindern und insbesondere ihre staatlichen Symbole, ihre Fahne und Hymne, aus der medialen Welt der sportlichen Siegerehrungen zu verbannen.

Die Sportfunktionäre der Bundesrepublik hingegen gerieten durch ihr blockierendes Taktieren selbst in die Rolle des Störenfriedes eines reibungslosen internationalen Sportverkehrs. Sie beteuerten zwar ihre Unabhängigkeit von den Entscheidungen der Bundesrepublik, dennoch agierten sie auf deren Geheiß wie bei der Eishockey-Weltmeisterschaft in Genf im Jahr 1962. Damals wartete die DDR-Mannschaft in einem Vorrundenspiel vergeblich auf ihren bundesdeutschen Gegner, der kurzfristig auf Druck des Auswärtigen Amtes aus dem Wettbewerb genommen wurde. Die Bundesregierung wollte es sich ersparen, dass die deutsche Mannschaft im Falle der vorhersehbaren Niederlage bei der anschließenden Siegerehrung der DDR-Flagge die Ehre hätte erweisen müssen. Dies passte nicht in die politische Linie der Bundesregierung.

Der internationale Sport im Spannungsfeld des Kalten Krieges

Die DDR erscheint auf der internationalen Sportbühne

Der internationalen Bühne des Sports kommt im Kalten Krieg eine besondere Bedeutung zu, zumal es die fortschreitende Technik möglich machte, dass die sportlichen Großereignisse durch die Medien immer mehr Menschen erreichen konnten. Gerade die Olympischen Spiele wurden somit zum Schauplatz des Kalten Krieges. Sie boten zudem einen weiteren Vorteil gegenüber anderen Großveranstaltungen wie den Fußballweltmeisterschaften: Bei den Olympischen Spielen gab es nicht nur einen, sondern gleich eine Vielzahl von Siegern, die alle mit der Nationalhymne und nationalen Symbolen bedacht wurden.

So war auch die Aufregung im westdeutschen Sport groß, als 1951, zwei Jahre nach der Gründung des Nationalen Olympischen Komitees der Bundesrepublik, plötzlich auch ein Nationales Olympisches Komitee der DDR die olympische Bühne betrat. Die westdeutsche Delegation hatte sich noch als „Nationales Olympisches Komitee für Deutschland“ bezeichnet, um so den Alleinvertretungsanspruch zu unterstreichen. Im folgenden Jahr kam es bei den Sommerspielen von Helsinki zu dem besonderen Fall, dass neben der bundesdeutschen Mannschaft eine Sportlerin aus dem Saarland antrat. Sportler aus der DDR reisten nicht zu den Spielen. Dem olympischen Gedanken folgend wuchs bei den internationalen Vertretern der Wunsch, auch die DDR in die internationale olympische Familie aufzunehmen. Letztlich entschied das IOC, dass das Nationale Olympische Komitee der DDR provisorisch anerkannt wurde, bestimmte aber zugleich, dass Deutschland künftig mit einer gesamtdeutschen Mannschaft an den Olympischen Spielen teilnehmen sollte. Damit entstanden in beiden deutschen olympischen Komitees neue Diskussionen, unter welcher Flagge, mit welchen Farben und welcher Hymne die Deutschen antreten sollten.

Die gesamtdeutschen Olympiamannschaften

Die Flaggenfrage war schnell geklärt, da die DDR im Jahr 1955 noch keine eigene Staatsflagge führte. Die gemeinsame Olympiamannschaft trat unter Schwarz-Rot-Gold an und setzte sich aufgrund des sportlichen Leistungsprinzips zusammen. In gesamtdeutschen Ausscheidungswettkämpfen wurden die jeweils besten Sportler unabhängig von ihrer Zugehörigkeit zur DDR oder Bundesrepublik ermittelt.

Gerade die Olympischen Spiele wurden zum Schauplatz des Kalten Krieges. Als das IOC bestimmte, dass beide deutschen Staaten mit einer gesamtdeutschen Mannschaft auftreten sollten, einigten sich beide Seiten auf eine schwarz-rot-goldene Fahne mit den fünf Olympischen Ringen.

Uneins waren beide NOKs über die zu spielende Hymne. Aus dem Wissen heraus, dass Sportler aus der DDR bei den Winterspielen 1956 keine Chance auf eine Goldmedaille hatten, schlug die Bundesrepublik zunächst vor, dass jeweils die Hymne des Siegers gespielt werden sollte. Im Hinblick auf die Sommerspiele in Melbourne verwarf man den Vorschlag aber wieder, da die DDR-Athleten ziemlich sicher eine Goldmedaille holen würden. Weder die Bundesrepublik noch ihre NATO-Verbündeten

Eine der bittersten Niederlagen erlitt die Auswahl des Deutschen Fußball-Bundes DFB am 22. Juni 1974 bei der Fußballweltmeisterschaft im eigenen Land gegen die Mannschaft der DDR durch das **1:0 von Jürgen Sparwasser**. Zwar erwies sich diese Niederlage für den DFB als Glücksfall, da die bundesdeutsche Mannschaft in der Folge durch schwache Gegner ihren Weg ins Finale fand und dieses schließlich mit 2:1 gewann. Aber da es keine weiteren deutsch-deutschen Spiele mehr gab, hatte der DFB eine negative Bilanz gegen die Auswahl der DDR, obwohl Fußball als die uneinholbare Domäne der Bundesrepublik galt.

konnten jedoch dulden, dass bei der Siegerehrung vor den diplomatischen Vertretern und der versammelten Weltöffentlichkeit die DDR-Hymne für eine gesamtdeutsche Mannschaft gespielt wurde.

Das Auswärtige Amt dachte daher über einen Boykott der Spiele nach, nahm aber wieder davon Abstand, da es der DDR in keiner Weise die olympische Alleinvertretung Deutschlands überlassen konnte. Schließlich einigten sich beide Seiten auf Beethovens „Ode an die Freude" als Hymne, die während der Siegerehrung für die deutschen Sportler gespielt werden sollte. Die DDR verkaufte diesen Kompromiss als Sieg, da die Bundesrepublik auf das Spielen ihrer Hymne verzichtete. Für die Olympischen Spiele von 1956 wurde damit ein Kompromiss ausgehandelt. Die Diskussion um die sportliche Vertretung Deutschlands entbrannte aber 1959 im Vorfeld der Spiele von Rom und Squaw Valley erneut, da die DDR mittlerweile ihre Staatsflagge, Schwarz-Rot-Gold mit Hammer und Zirkel, eingeführt hatte. Daher versuchte das IOC zu schlichten und schlug beiden Seiten vor, eine Olympiafahne für Deutschland einzuführen: Schwarz-Rot-Gold mit fünf weißen Olympischen Ringen.

Doch der Mauerbau brachte die innerdeutsche Zusammenarbeit im Bereich Sport schließlich nahezu zum Erliegen. Mit dem Sport fehlte danach ein wichtiges Bindemittel zwischen beiden deutschen Staaten. Die NATO reagierte zudem mit einer Einreisesperre für DDR-Sportler.

1964 gelang es der DDR erstmals, nach den gesamtdeutschen Ausscheidungskämpfen die Mehrheit der Athleten in der gemeinsamen Olympiamannschaft und somit auch den Fahnenträger zu stellen. Der Westen reagierte entrüstet, dass seine Athleten von einem Kommunisten angeführt wurden. Nach den Spielen von Innsbruck und Tokio erklärte das Olympische Komitee der DDR, dass ihre Athleten 1968 zum letzten Mal in der gesamtdeutschen Mannschaft antreten würden. Ironischerweise zog die DDR ausgerechnet bei den Olympischen Spielen von 1972 in München zum ersten Mal hinter ihrer eigenen Fahne ein. Sie gewann

20 Goldmedaillen, sieben mehr als die Bundesrepublik, weshalb 20 Mal die Hymne der DDR zur Siegerehrung gespielt wurde.

Die Olympia-Boykotte von 1980 und 1984

Durch den Einmarsch der Sowjetunion 1979 in Afghanistan kühlte sich das internationale Klima zwischen Ost und West empfindlich ab. Der Kalte Krieg entfachte erneut und schlug sich in der Folge deutlich in der Welt des Sports nieder. Der US-amerikanische Präsident Jimmy Carter rief als Reaktion das NOK der USA sowie die Verbündeten zum Boykott der Olympischen Sommerspiele in Moskau auf, die im folgenden Jahr stattfinden sollten. Der Aufruf zum Boykott betraf auch die Bundesrepublik, deren Athleten sich jedoch gegen einen Boykott der Spiele aussprachen. Doch das NOK folgte der Leitlinie der Regierung unter Bundeskanzler Helmut Schmidt und entschied sich für den Olympia-Boykott. Auch weitere Staaten folgten dem Aufruf der Amerikaner, sodass schließlich nur 81 Mannschaften in das Moskauer Leninstadion einmarschierten. Darunter waren allerdings auch Bündnispartner der USA wie Großbritannien und Frankreich, die den Boykott nicht mittrugen. Durch den Boykott der Bundesrepublik konnte die DDR nun endlich ein Ziel erreichen, das sie schon seit den 1950er-Jahren verfolgte. Sie waren bei den Olympischen Spielen Deutschlands alleiniger Vertreter – mit ihrer Hymne und ihrer Flagge.

Ausgerechnet bei den Olympischen Spielen 1972, die seit 1936 erstmals wieder auf deutschem Boden stattfinden sollten, kam es zu der Konstellation, dass sowohl die Bundesrepublik wie auch die DDR eine eigene Olympiamannschaft in den Wettbewerb schickten. Hier ist Amelie Ehrhardt zu sehen, die die Goldmedaille über 100 m Hürden gewann.

Bei den Olympischen Winterspielen von 1984 in Sarajevo war die DDR mit neun Gold- und genauso vielen Silbermedaillen die überragende Nation. Die Stars der Spiele waren Jens Weißflog (Gold und Silber im Skispringen), Katarina Witt (Gold im Eiskunstlauf) und vor allem Karin Enke (zweimal Gold und zweimal Silber im Eisschnelllaufen). Der Erfolg von Sarajevo sollte bei den Olympischen Sommerspielen 1984 in Los Angeles, auf dem Boden des Klassenfeindes, wiederholt werden. Die DDR-Führung steckte die Ziele für die Spiele hoch: Jeder Start eines DDR-Sportlers sollte mit einem Olympiasieg gekrönt werden. Hintergrund dieses Plans war die berechtigte Angst, dass die DDR aufgrund des frostigen internationalen Klimas nur mit einem Teil ihrer Athleten werde antreten dürfen. Der DDR-Sport beabsichtigte daher, seine 40 besten Sportler – ein zu 100 Prozent siegreiches Kollektiv – in die USA zu schicken. Doch diese Vorführung der eigenen sportlichen Überlegenheit platzte bereits im Frühsommer. Der größte Teil des Ostblocks, außer Rumänien und China, schloss sich dem Olympia-Boykott der Sowjetunion an.

Der Kalte Krieg im Film

Von Beginn an war der Kalte Krieg auch ein Wettkampf der Kulturen. Dabei fand der Kalte Krieg im Kino auf zwei unterschiedlichen Ebenen statt. Auf der einen Seite produzierten beide Seiten Filme, die den Kalten Krieg mehr oder weniger zum Inhalt hatten oder bei denen er als Rahmenhandlung diente. In Action- und Spionagefilmen wurde die jeweils andere Seite vor allem von Bösewichten repräsentiert, die die eigene Existenz bedrohten. Für Filmemacher bot der Kalten Krieg in diesem Sinne ein hervorragendes Spannungsfeld, in dem sie ihre Geschichten ansiedeln konnten. Auf einer anderen, übergeordneten Ebene wurden auch Filme produziert, die vermeintlich nichts mit dem Kalten Krieg zu tun hatten, den Zuschauer aber gerade deshalb im Geheimen und unbewusst politisieren sollten. Sie sollten die Propaganda der jeweiligen Seite verbreiten. Ebenso fallen in diese Kategorie Science-Fiction-Filme, die die jeweiligen Gesellschaftssysteme in der Zukunft überzeichneten. Hauptmotive der Filme im Kalten Krieg waren die Frage nach der besseren Gesellschaftsordnung (die von beiden Seiten unterschiedlich beantwortet wurde), die permanente Bedrohung durch atomare Waffen (Filme wie „War Games“ oder „The Day After“) sowie die Frage nach der Stellung und Verantwortung des Individuums im Kalten Krieg.

Das westliche Kino, allen voran amerikanische und britische Filme, hatten es im Kalten Krieg einfach. Die geteilte Welt lieferte einen hervorragenden Hintergrund für große Erzählungen und spiegelte sich deutlich in der vereinfachten Wirklichkeit der Filmwelten wider. Die eigenen Helden konnten in dieser Zeit vor allem deshalb als wirklich gut erscheinen, weil es einen realen bösen Gegenspieler gab. In diesen Bereich fallen auch die „James Bond“-Filme der 1960er- bis 1980er-Jahre. Nicht in

Sean Connery als britischer Geheimagent James Bond 007 brachte den Kalten Krieg in den 1960er-Jahren in die Kinos. Bonds Spionage hat jedoch wenig mit der eigentlichen Tätigkeit der internationalen Geheimagenten zu tun und spiegelt lediglich die Fantasie seines Erfinders Ian Fleming wider, der im Zweiten Weltkrieg selbst für den britischen Secret Service arbeitete.

allen, aber in vielen Filmen der Reihe sind die Gegenspieler von Bond direkt oder indirekt ein Werkzeug des Kalten Krieges. Sie sind in erster Linie von ihrer Boshaftigkeit und Gier nach Macht getrieben, haben aber keine „realen" und – aus heutiger Sicht betrachtet – wirklich erreichbaren Ziele. Die Bedrohung solcher Gegenspieler entstand im Kopf der Zuschauer, die die wirkliche Bedrohung im Kalten Krieg unbewusst hinzudachten. Das Kino in dieser Zeit malte schwarz-weiß, genauso wie es die Politik tat.

In den 1980er-Jahren gab es auffallend viele Produktionen, die eine Aufweichung des Kalten Krieges (oder einer fiktiven Abwandlung des realen Konfliktes) zum zentralen Handlungsinhalt hatten und die die Entwicklung, die gegen Ende des Jahrzehnts einsetzen sollte, bereits vorwegnahmen. Der Kampf der Systeme wurde jeweils durch die Menschlichkeit einzelner Personen aufgeweicht, wie dies zum Beispiel bei „Rocky 4" oder „Red Heat" der Fall ist, oder in die Zukunft verlegt, wie mehrere Beispiele der „Star Trek"-Filme (allen voran „Star Trek 6 – Das unentdeckte Land") belegen. Der Systemkonflikt und die dazugehörigen Vorurteile beider Seiten bleiben zwar in Teilen bestehen, dennoch gelingt es den Protagonisten, sich am Ende mit den Antagonisten zu verbünden und zu verstehen. Dass es ein Miteinander der Menschen in beiden La-

Billy Wilders „1 – 2 – 3"

Kein Film liefert einen dergestalt amüsanten und dennoch hintergründigen Einblick in das Wesen des Kalten Krieges in der Zeit vor dem Mauerbau wie Billy Wilders „1 – 2 – 3". Als der Film in den frühen 1960er Jahren in die Kinos kam, war er zunächst ein Flop. Zu sehr waren die Menschen von dem Schrecken der Berlinkrise und dem Mauerbau betroffen, als dass sie sich zur Entspannung eine Ost-West-Komödie anschauen konnten, die zudem in einem Berlin spielte, das es nicht mehr gab. Die Produktion und Aufnahmen des Filmes fanden von Juni bis September 1961 statt. Bis der Film in die Kinos kam, trennte die Berliner Mauer die Stadt bereits in zwei Teile. Da ein großer Teil der Handlung direkt an der Sektorengrenze spielte und es mitten in der Produktion des Films nicht mehr möglich war, am Brandenburger Tor zu drehen, wurde in den Münchner Bavariastudios das Brandenburger Tor mit großem Aufwand nachgebaut.

Der Film handelt von C.R. MacNamara, gespielt von James Cagney, der die Coca-Cola-Filiale in West-Berlin leitet. Er möchte das Getränk gerne auch hinter dem Eisernen Vorhang verkaufen, so die Absatzzahlen erhöhen und dadurch zum Direktor der Marke für ganz Europa aufsteigen. Darüber hinaus muss er einige Wochen auf die Tochter seines Chefs, Scarlett, aufpassen. Sie verliebt sich in den Ost-Berliner Otto Piffl, einen linientreuen Kommunisten aus Ost-Berlin, gespielt von Horst Buchholz. Als Scarlett von Otto schwanger wird und sich gleichzeitig Scarletts Vater in Berlin ankündigt, ersinnt MacNamara einen Plan, wie er alle Entwicklungen unter einen Hut bringen kann. Otto Piffl muss ein adliger West-Deutscher werden, dem Kommunismus entsagen und zudem wie der perfekte Schwiegersohn aussehen.

Der Handlung entsprechend mischte Billy Wilder amerikanische mit deutschen Schauspielern. So sind in Nebenrollen Ralf Wolter und Liselotte Pulver zu sehen, die in den 1960er-Jahren im deutschsprachigen Raum zu den absoluten Publikumslieblingen zählten. Auch beleuchtete Wilder die politische Situation in Deutschland: Wilder lässt nicht nur Kommunisten gegen Demokraten antreten, beide Seiten kämpfen noch dazu mit ihrer Vergangenheit als Nationalsozialisten.

Der Film wurde im Frühjahr 1962 für einen *Oscar* in der Kategorie „Kamera" und für zwei *Golden Globes* in den Kategorien „Bester Film" und „Beste Nebendarstellerin" nominiert. Er gewann jedoch keine der Auszeichnungen. Kritik und

Regisseur Billy Wilder mit seinen Schauspielern Pamela Tiffin, James Cagney und Horst Buchholz im Sommer 1961 am Set seiner Komödie „1 – 2 – 3" vor dem Brandenburger Tor – wenige Tage vor dem Beginn des Mauerbaus.

Publikum lehnten den Film ab, sodass er zunächst weder in den USA noch in der Bundesrepublik Deutschland erfolgreich lief. Aufgrund der nicht vorhersehbaren Aktualität fand das breite Publikum kein Interesse an „1 – 2 – 3". Die Satire über den Mauerbau kam für die Öffentlichkeit viel zu früh in die Kinos. Die Berliner Zeitung bezeichnete Billy Wilders Produktion sogar als den „scheußlichsten Film" über Berlin, der jemals gedreht wurde. Heute jedoch genießt der Film eine große Popularität. Seit seiner Wiederaufführung in den 1980er-Jahren liebt das Publikum – vor allem in Deutschland – die satirischen Momente und die politischen Anspielungen auf den Kalten Krieg, der aus dem aktuellen Tagesgeschehen längst verschwunden ist. Die Filmkritiker unterstreichen diese Entwicklung. Heute wird „1 – 2 – 3" allgemein als einer der besten Filme über den Kalten Krieg betrachtet. ■

gern geben kann, zeigt wiederum die eigentliche Unmenschlichkeit hinter dem Systemkonflikt Ost gegen West.

Das Kino war es auch, das die Widersinnigkeiten des Kalten Krieges als Erstes ironisch brach. Schon zu Beginn des Systemkonflikts lieferten sich der katholische Geistliche Don Camillo, gespielt von dem französischen Komiker Fernandel, sowie sein kommunistischer Bürgermeister Peppone in der „Don Camillo"-Filmreihe heftige Auseinandersetzungen in einer italienischen Kleinstadt. In diese Kategorie fallen auch Billy Wilders „1 – 2 – 3" sowie „Dr. Strangelove oder wie ich lernte, die Bombe zu lieben" von Stanley Kubrick. Im Kino des Ostblocks fehlte vor allem diese Kategorie an Filmen. Die Ironisierung der Auseinandersetzung wurde nicht thematisiert. Zu einem Publikumsrenner avancierte 1963 die DDR-Produktion „For Eyes Only" („Streng geheim"), der die spannende Unterwanderung einer amerikanischen Geheimdienstzentrale in der Bundesrepublik erzählte. Dem Film lag allerdings eine eindeutige politisch-pädagogische Botschaft zugrunde. Ähnliche Filme waren die sowjetische Produktion „Eine Nacht ohne Gnade" aus dem Jahr 1961, in der ein US-Soldat den wahren Charakter des Westens erkennt, den Versuch zum Ausgleich mit Soldaten der Sowjetunion jedoch mit dem Leben bezahlt.

Wie im Westen tauchten nach der neuerlichen Konfrontation zu Beginn der 1980er-Jahre vermehrt Filme auf, die traditionelle Inhalte des Systemkonflikts sowie alte Klischee bedienten. Hierzu zählten die sowjetischen Filme um „Major Schatochin", einem Pendant zur US-amerikanischen Filmfigur John Rambo.

Der Kalte Krieg im Weltall

Am 4. Oktober 1957 versetzte die UdSSR dem Westen einen Schock, als sie ihren ersten Satelliten, Sputnik I, in eine stabile Umlaufbahn um die Erde brachte. Bald darauf war der kugelförmige Satellit in aller Munde und erschütterte das Selbstverständnis des Westens sehr, denn ähnliche Versuche der Amerikaner waren bislang erfolglos verlaufen. Daher ging dieses Ereignis als „Sputnik-Schock" in die Geschichte ein.

Die Sowjetunion demonstrierte mit Sputnik I einen erheblichen technischen Vorsprung. In der Zeit des Kalten Krieges bedeutete ein solcher Vorsprung zugleich Macht und Überlegenheit – auch auf militärischer Ebene. Darüber hinaus kam im Westen durch den „Sputnik-Schock" die Angst auf, das sowjetische Ausbildungssystem könne besser funktionieren als das eigene, wodurch der Ostblock bald im Besitz neuer Technologien sein könnte. Die von der KPdSU kontrollierten sowjetischen Medien waren sich des Sputnik-Schocks bewusst. Sie feierten die technische Demonstration als Überlegenheit des sozialistischen Systems. Die Vereinigten Staaten sahen sich im Zugzwang und gründeten 1958 die *National Aeronautics and Space Administration* (NASA), der es noch im gleichen Jahr gelang, ebenfalls einen Satelliten in die Erdumlaufbahn zu schicken.

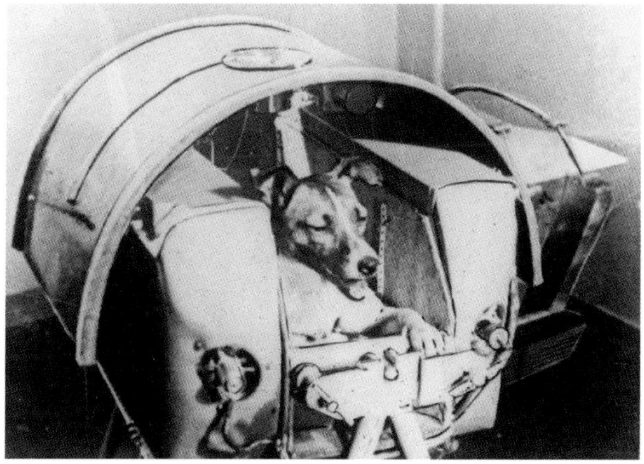

Die Hündin Laika war das erste Lebewesen, das vom Menschen gezielt in einen Orbit um die Erde befördert wurde. Im Rahmen der Mission Sputnik II wurde sie am 3. November 1957 an Bord des sowjetischen Raumflugkörpers ins All geschickt, starb aber bereits einige Stunden nach dem Start der Rakete an Sauerstoffmangel.

In der Folge entstand eine Art Wettkampf beider Seiten, die sich nun in immer neuen Superlativen die Weiterentwicklung ihrer Technik demonstrierten. So startete die Sowjetunion einen Monat nach dem amerikanischen Satelliten die Raumkapsel „Sputnik II", in der sich der Hund Laika befand, welcher nach einigen Tagen wegen Sauerstoffmangels starb. Während Sputnik I nur 83,6 Kilogramm wog, hatte Sputnik II bereits ein Gewicht von 508 Kilogramm. Allein darin zeigte sich ein technologischer Fortschritt. Doch nicht nur das: Mit dieser Technologie war die Sowjetunion in der Lage, Atombomben von beliebigen Punkten aus in die Vereinigten Staaten zu schießen, gegen die es zu diesem Zeitpunkt keine ausgereiften Verteidigungsmittel gab.

Als Reaktion auf diese russischen Erfolge bewilligte die amerikanische Regierung Milliardenbeträge, um ihren Rückstand auf dem Gebiet der Raumfahrt aufzuholen. Doch trotz intensivster Bemühungen seitens der Amerikaner errangen die Sowjets in der Folge weitere Siege im ideologischen Wettkampf um die Führungsrolle in der Raumfahrttechnologie. Der Russe Jurij Gagarin umkreiste im Frühjahr 1961 als erster Mensch im sowjetischen Raumschiff „Wostok 1" die Erde. Nur wenige Wochen später brachten auch die US-Amerikaner mit ihrem *Mercury*-Programm den Astronauten Alan Shepard ins All.

In den nächsten Jahren übertrafen sich die Supermächte mit immer neuen Superlativen: Die Sowjetunion schickte 1963 mit Walentina Tereschkowa die erste Frau ins Weltall. Zwei Jahre später schwebte der

Das *Apollo*-Programm der NASA bestand aus mehreren Missionen, die zunächst die Mondlandung der US-Amerikaner vorbereiten sollten. Die Mission „Apollo 11" führte schließlich am 20. Juli 1969 die **erste Mondlandung** durch. Ihr folgten noch sechs weitere Missionen, wobei die Mondlandung von Apollo 13 nach einem technischen Unfall abgebrochen werden musste. Die letzte Mondlandung führte Apollo 17 am 17. Dezember 1972 durch.

sowjetische Kosmonaut Alexei Leonow nur mit einer Leine gesichert zwölf Minuten außerhalb seines Raumschiffes. Drei Monate später tat es ihm der US-Amerikaner Edward White nach und verbrachte 20 Minuten im freien Raum.

Als John F. Kennedy im Mai 1961 dem Kongress vorschlug, ein neues Weltraumprogramm zu finanzieren, um den ersten Menschen noch innerhalb des Jahrzehnts auf den Mond zu bringen, startete der Wettlauf um den Erdtrabanten und der Kalte Krieg im Weltall ging in die heiße Phase. Mit allen Mitteln wollten die USA damit das westliche System – und in letzter Instanz Demokratie, Freiheit sowie die Marktwirtschaft – als das überlegenere kennzeichnen.

Kennedy zog den Vergleich mit der Siedlungsgrenze aus dem 19. Jahrhundert, der sogenannten *frontier*, an der die europäischen Siedler zu Amerikanern wurden, und bezeichnete den Weltraum nun als *new frontier* der Menschheit.

Für die Apollo-Missionen entwickelte die NASA die bislang größte Rakete unter Mithilfe des deutsch-amerikanischen Ingenieurs Wernher von Braun und dessen Team: die „Saturn V". Nach neun Jahren Arbeit und unter Einsatz von 400.000 Mitarbeitern gelang es der NASA schließlich, Kennedys kühnes Vorhaben zu realisieren. Am 20. Juli 1969 betrat der US-Amerikaner Neil Armstrong, einer der drei Astronauten der Apollo 11-Mission, als erster Mensch den Mond. Wirkungsvoll wurde dieses Ereignis von allen Medien weltweit ausgestrahlt. Mit der Mondlandung demonstrierten die Vereinigten Staaten ihre überlegene Technologie. Das Unterfangen zeigte sofort Wirkung: Das Mondprogramm der Sowjetunion wurde eingestellt.

Radio Free Europe

Als „Radio Free Europe" wurde eine Kette von Radiosendern bekannt, deren Hörfunk in osteuropäischen und zentralasiatischen Sprachen produziert und später größtenteils auf Kurzwelle ausgestrahlt wurde. Die Sender wurden mit US-amerikanischen Geldern, hauptsächlich aus dem Budget des amerikanischen Auslandsgeheimdienstes CIA, finanziert und unterstanden dem amerikanischen *Broadcasting Board of Governors* (BBG). Die Sender haben sich zum Ziel gemacht, demokratische Werte sowie das Menschenrecht auf freien Nachrichtenzugang für Hörer in den kommunistischen Staaten des Kalten Krieges zu verbreiten. Radio Free Europe bildete ein wichtiges Instrument, um die Menschen im Einflussbereich der Sowjetunion mit pro-westlichen Informationen zu versorgen.

Radio Free Europe wurde vom *National Committee for a Free Europe*, einer amerikanischen, anti-kommunistischen Organisation zur Befreiung der Völker Osteuropas vom Einfluss des Kommunismus, gegründet. Initiiert wurde das Komitee von den amerikanischen Politikern und Funktionären Allen Welsh Dulles, Charles Douglas Jackson und John Jay McCloy. Auf der Liste der Gründer und Förderer standen außerdem die Großindustriellen Nelson Rockefeller und Henry Ford II. Radio Free Europe nahm seinen Sendebetrieb 1950 vom Hauptsitz in München aus auf. Am 1. Mai 1951 begannen die regelmäßigen Sendungen zunächst für die Tschechoslowakei. Bald wandte sich Radio Free Europe an alle Hörer in mittel- und osteuropäischen Ländern außerhalb der ehemaligen Sowjetunion.

Die Sender wurden seit ihrer Gründung in den frühen 1950er-Jahren von der Sowjetunion als Bedrohung angesehen, da sie unkontrolliert westliches Gedankengut in den Ostblock transportierten. Zudem

In einer spektakulären Aktion ließ Radio Free Europe mehrere Ballons, die sonst für meteorologische Untersuchungen genutzt werden, mit Flugblättern bestücken und sie so über den Eisernen Vorhang nach Osteuropa fliegen.

wurden sie auch zur Übermittlung codierter Nachrichten an westliche Agenten benutzt. Starke sowjetische Störsender sollten die Empfangsqualität verschlechtern. Dies wurde durch stetige Steigerung der Sendeleistung aufseiten von RFE kompensiert.

Durch die Geschichte der Sender zieht sich eine Kette von Ereignissen im Zusammenhang mit nachrichtendienstlichen Aktivitäten. Besonders in den 1980er-Jahren gab es zahlreiche Entführungsversuche von Angestellten sowie ein Bombenattentat auf die Sendergebäude in München.

Literatur

Überblicksdarstellungen

Bernecker, Walther: Port Harcourt, 10. November 1995. Aufbruch und Elend in der Dritten Welt, München 1997.

Gaddis, John Lewis: Der Kalte Krieg. Eine neue Geschichte, München 2007.

Hacke, Christian: Zur Weltmacht verdammt. Die amerikanische Außenpolitik von J.F. Kennedy bis G.W. Bush, München 2001.

Iriye, Akira: Cultural Internationalism and World Order, Baltimore 1997.

Junker, Detlef et al.: Die USA und Deutschland im Zeitalter des Kalten Krieges, 2 Bde., München 2001.

LaFeber, Walter: America, Russia, and the Cold War, 1945–1990, Boston 2002.

Spillmann, Kurt R.: Aggressive USA? Amerikanische Sicherheitspolitik 1945–1985, Stuttgart 1985.

Steininger, Rolf: Der Kalte Krieg, Frankfurt am Main 2003.

Stöver, Bernd: Der Kalte Krieg, München 2003.

Der Ostblock

Ahrens, Ralf: Gegenseitige Wirtschaftshilfe? Die DDR im RGW. Strukturen und handelspolitische Strategien, 1963–1976, Köln 2000.

Altrichter, Helmut: Russland 1989. Der Untergang des sowjetischen Imperiums, München 2009.

Lüthi, Lorenz M.: The Sino-Soviet Split: Cold War in the Communist World, Princeton, NJ 2008.

Williams, Kieran: The Prague Spring and its Aftermath: Czechoslovak Politics, 1968–1970, Cambridge 1997.

Vietnam

Arenth, Joachim: Johnson, Vietnam und der Westen. Transatlantische Belastungen 1963–1969, München 1994.

Frey, Marc: Geschichte des Vietnamkriegs. Die Tragödie in Asien und das Ende des amerikanischen Traums, München 2002.

Herring, George C.: America's Longest War. The United States and Vietnam, 1950–1975, New York 1996.

Deutsch-deutsche Geschichte

Fröhlich, Stefan: Auf den Kanzler kommt es an. Helmut Kohl und die deutsche Außenpolitik, Paderborn 2001.

Jarausch, Konrad: Die Umkehr. Deutsche Wandlungen 1945–2000, München 2004.

Kleßmann, Christoph: Die doppelte Staatsgründung. Deutsche Geschichte 1945–1955, Bonn 5. überarb. Aufl. 1991; Deutsche Geschichte 1955–1970 Zwei Staaten, eine Nation. Bonn 1988.

Nolte, Ernst: Deutschland und der Kalte Krieg, München 1974.

Ende des Kalten Krieges

Biermann, Rafael: Zwischen Kreml und Kanzleramt. Wie Moskau mit der deutschen Einheit rang, Paderborn 1997.

Matlock, Jack F. jr.: Reagan and Gorbachev. How the Cold War Ended, New York 2005.

Spionage

Andrew, Christopher / Gordievsky, Oleg: KGB. Die Geschichte seiner Auslandsoperationen von Lenin bis Gorbatschow, München 1990.

Ulfkotte, Udo: Der Krieg im Dunkeln. Die wahre Macht der Geheimdienste, Frankfurt am Main 2006.

Biografien

Ambrose, Stephen: Nixon. The Triumph of a Politician, 1962–1972, New York 1989.

Kellmann, Klaus: Stalin. Eine Biographie. Darmstadt 2009.

Schild, Georg: John F. Kennedy. Mensch und Mythos, Göttingen 1997.

Soell, Hartmut: Helmut Schmidt. Macht und Verantwortung. 1969 bis heute, München 2008.

Taubman, William: Khrushchev. The Man and His Era, New York 2003.

Register

Kursive Seitenzahlen verweisen auf Abbildungen im Text.

A

B

C

D

E

T

U

V

W

Z

Bildnachweis

Ullstein: S. 6, 17, 37, 45, 52, 59, 71, 73, 92, 104, 106, 111, 133, 145;
Alexander Emmerich: S. 7, 13, 22; Picture alliance: S. 9, S. 12, 14, 18 (2x), 21, 23, 24, 26, 29, 30, 31, 32, 36, 40, 41, 46, 48, 50, 54, 57, 61, 63, 65, 75, 76, 78, 80, 84, 86, 87, 90, 97, 98, 100, 103, 107, 108, 114, 117, 118, 119, 120, 123, 124, 130, 134, 135, 138, 139, 140, 141, 152, 153, 155, 157, 161, 163; akg-images: 16, 55, 67, 83, 126, 128, 150, 159;
Hoover Institution Archives, Stanford University: 165

Verlag und Autor danken allen Leihgebern für die Bereitschaft, Bildmaterial für diese Publikation zur Verfügung zu stellen. Leider war es nicht in allen Fällen möglich, die Inhaber der Urheberrechte zu ermitteln. Etwaige Ansprüche kann der Verlag bei Nachweis entgelten.

Bibliografische Information der Deutschen Nationalbibliothek
Die Deutsche Nationalbibliothek verzeichnet diese Publikation in der Deutschen Nationalbibliografie; detaillierte bibliografische Daten sind im Internet über http://dnb.d-nb.de abrufbar.

Umschlaggestaltung: Stefan Schmid Design, Stuttgart, unter Verwendung folgender Abbildungen: Berlin, Mauerbau August 1961: ©akg-images/Archiv Boelte; Berlin-Blockade 1948/49: © picture-alliance/akg-images/Tony Vaccaro; John F. Kennedy und Nikita Chruschtschow in Wien, 1961: ©picture-alliance/dpa; Atompilz ueber Nagasaki: ©picture-alliance/akg-images

Lektorat : Kristine Althöhn, Mainz
Kartografie: Peter Palm, Berlin
Reihen-Gestaltung: Katrin Kleinschrot, Stuttgart
Satz und Repro: primustype Hurler GmbH, Notzingen
Druck und Bindung: Offizin Andersen Nexö Leipzig GmbH, Zwenkau
ISBN 978-3-8062-2316-3
Elektronisch sind folgende Ausgaben erhältlich:
eBook (PDF): 978-3-8062-2558-7
Besuchen Sie uns im Internet: www.theiss.de